大学生劳动教育的有效实施与创新发展研究

于翊平 ◎ 著

中国出版集团　现代出版社

图书在版编目（CIP）数据

大学生劳动教育的有效实施与创新发展研究 / 于翊平著. -- 北京：现代出版社，2023.12
ISBN 978-7-5231-0698-3

Ⅰ.①大… Ⅱ.①于… Ⅲ.①大学生－劳动教育－研究 Ⅳ.①G40-015

中国国家版本馆CIP数据核字(2023)第232990号

著　　者	于翊平
责任编辑	袁　涛

出 版 人	乔先彪
出版发行	现代出版社
地　　址	北京市安定门外安华里504号
邮政编码	100011
电　　话	(010) 64267325
传　　真	(010) 64245264
网　　址	www.1980xd.com
印　　刷	北京建宏印刷有限公司
开　　本	787mm×1092mm　1/16
印　　张	11.25
字　　数	218千字
版　　次	2023年12月第1版　2023年12月第1次印刷
书　　号	ISBN 978-7-5231-0698-3
定　　价	78.00元

版权所有，翻印必究；未经许可，不得转载

前　言

劳动是人类社会生存和发展的基础，是人维持自我生存和自我发展的唯一手段。人类的劳动是体力与智力的结合。随着生产力的发展和人们认识水平的提高，体力劳动和智力劳动渐渐分离。因此，当前时代的高校劳动教育如何开展、如何实施、如何创新就成为目前急需要解决的问题。

基于此，本书以"大学生劳动教育的有效实施与创新发展研究"为题，首先，围绕劳动与劳动教育概论展开，分析了劳动的基本属性和劳动教育体系的发展。其次，探究当代大学生劳动教育的精神内核。再次，围绕新时代大学生劳动价值观的有效培育展开；随后，探究大学生劳动教育课程建设及其创新思考；然后，讨论大学生实践性劳动教育的有效实施，包括劳动实践对大学生劳动教育的重要性、教育实践与评价探索；接着，探究大学生创新创业性劳动教育的有效实施。最后，围绕大学生劳动权益与劳动教育的创新发展，包括大学生劳动权益的保障机制探索、数字劳动主导下的大学生劳动教育创新发展、高校大学生劳动教育质量提升的价值考量与推进思路以及互联网时代积极心理学融入高校劳动教育的创新发展。

本书不仅注重构建较为科学、完善的知识结构。还在论述中，力求概述清晰、系统全面、深入浅出，便于理解掌握，做到了科学的语言叙述，意在达到抛砖引玉的目的，以求探究大学生劳动教育的有效实施与创新发展。

笔者在撰写本书的过程中，得到了许多专家学者的帮助和指导，在此表示诚挚的谢意。由于笔者水平有限，加之时间仓促，书中所涉及的内容难免有疏漏之处，希望各位读者多提宝贵意见，以便笔者进一步修改，使之更加完善。

目 录

第一章 劳动与劳动教育概论 ··· 1

 第一节 劳动的内涵与价值 ······································· 1
 第二节 劳动教育的目的与意义 ··································· 6
 第三节 劳动教育体系的一体化发展 ······························ 16

第二章 大学生劳动教育的精神内核 ································· 22

 第一节 大学生劳动精神培育 ···································· 22
 第二节 大学生劳模精神教育 ···································· 32
 第三节 大学生工匠精神教育 ···································· 47

第三章 新时代大学生劳动价值观的有效培育 ························· 66

 第一节 大学生劳动价值观教育的核心及重要性 ···················· 66
 第二节 大学生劳动价值观教育的有效开展对策 ···················· 73
 第三节 人工智能时代人类劳动价值观的变革思考 ·················· 81

第四章 大学生劳动教育课程建设及其创新思考 ······················· 89

 第一节 劳动教育课程建设的重要价值与理性回归 ·················· 89
 第二节 新时代大学生劳动教育课程建设的双向形塑 ················ 95
 第三节 工业 4.0 背景下劳动教育课程与专业课程的融合进路 ······ 104

第五章 大学生实践性劳动教育的有效实施 ·························· 109

 第一节 劳动实践对促进大学生劳动教育的重要性 ················· 109

第二节　大学生实践性劳动素养与劳动教育实践 …………………… 113

第三节　大学生实践性劳动教育的评价探索 ……………………………… 120

第六章　大学生创新创业性劳动教育的有效实施 ……………………… 124

第一节　大学生创新创业性劳动活动及其素养分析 …………………… 124

第二节　大学生劳动教育与创新创业教育的深度融合 ………………… 133

第三节　大学生创新创业性劳动教育的实践与评价 …………………… 137

第四节　应用型本科院校"劳创融合"劳动教育模式的构建 ………… 144

第七章　大学生劳动权益与劳动教育的创新发展 ……………………… 149

第一节　大学生劳动权益的保障机制探索 ……………………………… 149

第二节　数字劳动主导下的大学生劳动教育创新发展 ………………… 158

第三节　高校大学生劳动教育质量提升的价值考量与推进思路 ……… 164

第四节　互联网时代积极心理学融入高校劳动教育的创新发展 ……… 168

参考文献 ………………………………………………………………………… 173

第一章　劳动与劳动教育概论

第一节　劳动的内涵与价值

新时代，人类劳动的形态已经发生了巨大的变化。虽然随着人工智能时代的到来，大部分可以自动化的机械性劳动都可以被替代，但是在新时代，体力劳动仍然是不可或缺的。体力劳动仍然是人们维持日常生活所必备的一种基本能力，体力劳动在培养我们的好奇心、想象力和批判性思维方面的作用是不可替代的。

新时代重提劳动教育是对劳动教育的认识回归本质。高等院校的学生应该把技能与劳动精神、工匠精神、劳模精神、职业精神相结合，社会实践与责任担当相结合，立志成长为一名爱劳动、会劳动、会感恩、会助人的德、智、体、美、劳全面发展的社会主义建设者和接班人。"随着《义务教育劳动课程标准（2022年版）》的发布，劳动教育受到重点关注。道德与法治作为落实劳动教育的重要课程，对于开发劳动教育体系具有重要作用。"[①]

一、劳动的内涵阐释

劳动是人类社会存在和发展的最基本的条件，劳动在人类形成过程中，起了决定性的作用。劳动是人类的本质特征，社会上一切的物质财富与精神财富都来源于劳动，没有劳动，就没有人类的生活。

（一）劳动的概念

劳动是人类社会中一项至关重要的活动，它涵盖了个体或集体通过付出体力、智力和技能以创造价值的各种努力。劳动既是一种生存手段，也是一种发展和实现自我价值的

---

① 刘小菁，贾华荣. 劳动教育体系的多维开发［J］. 中学政治教学参考，2023（2）：71-72.

途径。

从人类历史的角度来看，劳动一直是人们生活的基础。劳动不仅仅是为了满足物质上的需要，它还具有重要的社会和心理层面的意义。通过劳动，人们建立起社会联系，形成互相依赖的关系网络。劳动使个体融入社会，参与社会分工，为社会的繁荣和发展作出贡献。

劳动还是实现自我价值和成就感的重要途径。通过劳动，人们能够发挥自己的才能和技能，不断提升自己的能力，并在工作中体验到成就感和满足感。劳动可以激发人们的创造力和创新能力，推动社会的进步和发展。

劳动是人类社会不可或缺的一部分。它是个体和社会生活的基石，是实现个人和社会发展的重要途径。劳动不仅满足了物质需求，还赋予了人们社会联系、自我价值和成就感。随着社会的变革和个人的追求，劳动的形式和意义也在不断演变。无论形式如何改变，劳动的核心价值始终是为了人类社会的繁荣和人们的幸福。

（二）劳动的特性

劳动具有生产商品的具体劳动和抽象劳动的双重属性。具体劳动是指生产目的、劳动对象、所用工具、操作方法、生产结果都各不相同的劳动，具体劳动生产了商品的使用价值。抽象劳动是指无差别的一般人类劳动，抽象劳动生产商品的价值。

具体劳动和抽象劳动是同一劳动过程形成的相互联系又对立的两个方面。具体劳动创造商品的使用价值，它反映人和自然的关系，是劳动的自然属性。抽象劳动创造商品的价值（交换价值），它是价值的实体，代表的是社会成员通过交换相互支配对方劳动的社会关系，抽象劳动的凝结，形成商品的价值。

自觉性、目的性和创造性是人类劳动的本质特征。①劳动是有明确目的地改造自然的自觉活动。②劳动必须创造并使用一定的物质手段，主要是劳动工具。③劳动的对象具有广泛性，是以人类自身为主体改造整个世界并创造人化世界。④衡量人类劳动的尺度具有多维性，包括真理尺度、价值尺度和审美尺度，即真、善、美的统一。

（三）劳动的指标

劳动指标是用劳动单位计量的总量指标，具有一定的综合能力。它们都旨在提供一个可衡量和比较的标准，以评估劳动力的工作表现和生产效果，主要包括：①产量。通过追踪和比较产量数据，企业可以评估生产效率的高低，以及劳动力的工作绩效。②效率。高效率意味着以更少的资源和时间完成更多的工作，从而提高生产效率和效益。③质量。通过关注和改善质量指标，企业可以提高产品的竞争力和顾客满意度。④生产成本。通过监控和管理生产成本，企业可以控制成本，提高生产效率和利润率。⑤劳动力利用率是衡量单位时间内劳动力参与工作的比例的指标。高劳动力利用率可以提高生产效率和工作绩效。⑥缺勤率。通过管理和降低缺勤率，企业可以提高工作纪律和工作积极性。

总量指标按计量单位的不同，分为实物指标、价值指标和劳动指标。劳动时间、劳动总产量、劳动生产率、劳动总价值等常用作统计和比较的指标。

企业在运营管理中会制定比较完善的劳动评价指标体系，对劳动者的效率和质量进行衡量，判断劳动者创造的价值多少，以此作为劳动报酬水平。这些劳动指标可以帮助企业或组织评估和改进劳动力的表现、生产效率和工作质量，从而提高整体的业绩和竞争力。通过监控和分析这些指标，企业可以制定相应的策略和措施，以优化劳动力的利用、提高生产效率，并在市场中取得竞争优势。

（四）劳动的分类

劳动可以按照不同的标准进行分类，例如：第一，按照工作的性质和类型，劳动可以分为体力劳动和脑力劳动。第二，按照行业领域，劳动可以分为农业劳动、工业劳动、服务业劳动等。第三，按照劳动的经济属性，劳动可以分为有偿劳动和非有偿劳动。第四，劳动还可以根据技能水平、合同形式、工作时间等进行分类。

无论劳动属于哪种分类，它都是社会发展和个体成长的重要组成部分。劳动不仅为人们提供生计和实现个人价值的机会，还推动着社会的进步和繁荣。在不断变化的时代背景下，对不同类型劳动的需求和认知也在不断演进，为劳动者提供了更多选择和发展的空间。

二、劳动的作用与价值体现

劳动是创造物质世界和人类历史的根本动力，是一切社会财富的源泉，劳动价值是由人类自身机体所产生的，是人的劳动能力的价值体现，是由人在劳动过程中所释放出来的。

（一）劳动的作用

第一，劳动推动了人类发展，主要体现在：①劳动是人类文明的基石，劳动创造了人类的存在和进步；②劳动创造了人类的物质生活；③劳动创造了人类的知识和智慧；④劳动创造了人类的社会联系和团结；⑤劳动创造了人类的自我实现和成就感；⑥劳动是人类文明的根基和动力，劳动创造了人类的物质生活、知识智慧、社会联系和自我实现。

第二，劳动开发了思维。人类的思维活动离不开实践活动，而智力的核心是思维能力。实践活动既有学习活动，又有创造活动，而劳动兼有学习与创造这两个功能。在劳动中，学生需要不断地思考、分析和创新。他们需要将抽象的知识与具体的实践相结合，通过实践来验证和巩固自己所学的知识。

第三，劳动培养吃苦耐劳精神。劳动是培养吃苦耐劳精神的重要途径，主要包括：①劳动培养了毅力和坚韧性；②劳动培养了团队合作精神；③劳动还可以培养责任心和自律性；④吃苦耐劳精神对于个人的成长和社会的发展都至关重要。

第四，劳动培养责任意识。劳动教育是培养责任意识的有效途径之一，主要包括：①劳动培养了我们的自我约束性和自律性；②劳动培养了我们的团队合作意识；③劳动还培养了我们的问题解决能力和适应能力；④责任意识对于个人的成长和社会的发展都具有重要意义。

第五，劳动培养劳动价值观。思想决定行动，树立什么样的劳动价值观很重要，这将直接影响人们对劳动的态度和行为。教育的本质是培养人，从人的发展视角来看，其根本目的就是全面提高劳动者的素质，为了实现这一目的，每个人必须克服轻视劳动教育的观念，把劳动教育提高到全面贯彻教育方针的高度来认识。

第六，劳动是个人和家庭幸福的源泉。幸福是个人由于理想的实现或接近而引起的一种内心满足。追求幸福是人们的普遍愿望。幸福不仅包括物质生活，也包括精神生活；幸福不仅在于享受，也在于劳动和创造。在科学技术日新月异的未来社会，大学生必须具备多方面、多层次的劳动能力和勤奋工作的态度。

（二）劳动的价值

教育是培养人的活动，产生于人类生产劳动过程中，为促进人的发展和社会的进步而存在。新时代劳动教育既具有核心和重要的育人价值，又具有特别的社会价值。加强劳动教育，既是大学生健康成长，实现德、智、体、美、劳全面发展的内在需要，也是培养促进社会发展进步的高素质劳动人才的时代需要。

1. 社会价值

新时代国家富强、民族振兴、人民幸福的伟大梦想的实现，需要凝聚广大青年学生的奋斗力量。大学生作为祖国未来社会主义事业建设的新生后备力量，肩负着光荣的使命，被社会寄予厚望。加强大学生劳动教育，有助于传承中华民族勤劳的传统美德，营造尊崇劳动的社会氛围和精益求精的敬业风气，培养具有实干精神的新时代劳动者，为中国梦的实现凝聚多方面的强大正能量。

传承中华民族勤劳的传统美德。兴家靠勤劳，富国靠勤劳，勤劳是中华民族宝贵的精神品格。中华儿女一直秉承着热爱劳动的美德，爱劳动是中华儿女永恒的传统。国家的富强繁荣，社会的发展进步，人民的幸福生活，无一不是人民用勤劳的双手创造出来的。

今天我们对成长于物质富裕时代的大学生进行劳动教育，有助于培养他们热爱劳动的真挚情感、辛勤劳动的美好品德，自觉将中华民族勤劳的传统美德传承下去，从而为培养新时代高素质劳动者提供道德力量支撑。

2. 营造社会氛围和敬业风气

中国梦是每一个人的梦，需要每一个人锲而不舍的艰苦奋斗。要让每一位劳动者饱含劳动热情和劳动精神，积极投身到社会主义现代化强国的建设中去，让每一位劳动者都能受到尊重、受到关怀，从而激发并维持他们的劳动热情和更多的劳动潜能，为社会发展提供精神支撑和人才保障。

加强大学生劳动教育，能让广大学生深刻认识劳动的价值，懂得劳动的伟大、劳动的光荣，学会尊重劳动、崇尚劳动，形成积极的劳动态度、强烈的劳动情感和深厚的劳动情怀，有助于广大大学生将劳模精神和工匠精神作为人生道路上奋力拼搏、勇敢前行的精神财富与精神动力，使其懂得热爱每一份职业，对待工作能做到勤勤恳恳、踔厉奋发。由此带动全社会形成劳动光荣、劳动幸福的文明风尚，带动所有劳动者形成精益求精的敬业风气，从而用全社会劳动者的辛勤劳动托起中国梦。

3. 培养具有实干精神的新时代劳动者

劳动教育则是培养具有勤劳实干精神的新时代劳动者的重要举措。实干是实现中国梦伟大事业的根本路径，全体劳动者唯有真干、实干才能实现中国强起来、富起来的伟大目标。为实现大学生全面发展增添助力教育包含"教"和"育"两个方面，并不是单纯的知识与技能的灌输，而是包含知识、情感、意志等因素全面发展的全人格教育。

教育的本质是培养人格健全和全面发展的人，而劳动教育则是全人格教育的重要部分。劳动教育由于其独特的育人价值成为我国教育体系的重要组成部分，是德、智、体、美融入实践的重要连接纽带。加强劳动教育既是大学生实现自由全面和谐发展和实现人生价值的内在需要，也是大学生成为未来社会主义现代化强国建设的有理想、有才干、有本领的高素质劳动者的时代诉求。

第二节　　劳动教育的目的与意义

一、劳动教育的目的

劳动教育的目的是培养学生全面发展，使他们在个人成长和社会发展中发挥积极作用。劳动教育旨在通过实践和劳动实践活动，使学生掌握实际技能和技术能力，培养劳动意识和价值观，发展创新思维和解决问题的能力，促进团队合作和沟通能力，以及培养责任感和自律能力。

（一）培养实践技能和技术能力

劳动教育的一个重要目的是培养学生的实践技能和技术能力。在劳动实践中，学生通过亲身参与各种实际操作和实践活动，如手工制作、农业种植、工业操作等，掌握和提高各种实际动手能力。这些实践技能和技术能力将为学生的职业发展奠定坚实基础。

在劳动教育中，学生将学习使用各种工具和设备，熟悉操作规程和安全措施，掌握基本的手工技艺和实际操作技能。例如，学生可以学习木工、电子、机械、焊接等技术，培养细致的观察力、灵巧的操作能力和问题解决的能力。通过实际操作的训练，学生能够逐步提高技术水平，掌握并应用各种实践技能。

此外，劳动教育也涉及农业方面的实践技能。学生可以学习农作物种植、养殖、园艺等农业技术，了解农业生产的基本原理和技术要求。通过参与农业实践，学生能够培养对自然环境的观察和理解能力，掌握农业生产的实际技能，如土壤管理、种植技术、农产品加工等。这些技能对于学生理解和尊重农业劳动的重要性具有重要意义。

劳动教育通过培养实践技能和技术能力，帮助学生建立实际动手能力，为他们的职业发展提供有力支持。

（二）培养劳动意识和价值观

1. 强调劳动的尊严和价值

劳动教育是一种重要的教育形式，它通过实践让学生亲身体验到劳动的过程和成果。学生们亲自动手，参与工作，从中体会到工作的辛苦、耐心和坚持，通过这种方式培养了对劳动的尊重和理解。劳动教育不仅仅是一种教学手段，更是一种价值观的培养，它通过让学生亲身参与劳动，让他们认识到每个人的劳动都是社会发展和进步的重要贡献。

在劳动教育中，学生们通过亲自动手，可以体验到各种各样的工作。无论是农田里的耕种、工厂里的生产，还是家庭中的日常家务，这些活动都让学生们深刻感受到劳动所带来的辛苦和付出。他们需要耗费体力和精力，在劳动中经历磨炼和挑战。然而，正是这些困难和挑战，让他们更加珍惜劳动的价值。他们明白，劳动不仅仅是简单的付出和获得，更是一种精神的追求和人生态度。

通过劳动教育，学生们也能够认识到劳动的社会意义。他们了解到每个人的劳动都是社会发展和进步的重要贡献。无论是生产者还是服务者，每个人的努力都构成了社会的基石。劳动教育使学生们明白，没有劳动就没有社会的繁荣和进步。每个人的努力都是不可或缺的，无论其规模大小。在这个过程中，学生们会逐渐形成对劳动的价值的正确认知，他们将珍视自己的劳动，并尊重他人的劳动。

劳动教育还能够培养学生的动手能力和实践能力。通过亲身参与劳动，学生们不仅仅是被动地接受知识，而是主动地运用知识和技能进行实践。他们需要动手解决问题，面对挑战，培养解决实际问题的能力。这种实践性的教育不仅提高了学生们的动手能力，还锻炼了他们的创新思维和团队合作能力。

此外，劳动教育还能够培养学生的自我管理能力和责任意识。在劳动中，学生们需要按时完成任务，保持工作的秩序和效率，这要求他们具备自我管理的能力。同时，他们还需要对自己的工作负责，确保工作的质量和效果，这培养了他们的责任意识和自我要求。

劳动教育也有助于学生们形成良好的生活习惯和健康意识。通过参与各种劳动活动，学生们会养成良好的作息时间、饮食和卫生习惯。他们会意识到劳动对身体健康的重要性，从而培养出关注健康的意识和行为。

总而言之，劳动教育强调劳动的尊严和价值，通过实践让学生亲身体验到劳动的过程和成果。这种教育形式培养了学生对劳动的尊重和理解，使他们认识到每个人的劳动都是社会发展和进步的重要贡献。同时，劳动教育也培养了学生的动手能力、实践能力、自我管理能力和责任意识，帮助他们形成良好的生活习惯和健康意识。劳动教育的价值在于培养学生全面发展所需的素质，为他们的未来发展打下坚实的基础。

2. 培养劳动乐趣和自觉性

培养劳动乐趣和自觉性是劳动教育的重要目标之一。通过提供有意义的实践活动，劳动教育可以激发学生对劳动的兴趣和热情，帮助他们逐渐培养出对劳动的乐趣和自觉性。这样的教育方式能够让学生在实践中获得成就感和满足感，同时也让他们意识到通过努力工作可以获得成果，并愿意主动参与劳动活动。

在劳动教育中，有意义的实践活动是关键。这些活动应该与学生的生活经验和兴趣相关，能够让他们亲身参与并感受到劳动的价值和意义。例如，学生可以参与校园园艺活动，种植和护理花草；参与社区服务项目，为弱势群体提供帮助；参与手工制作、家政等实践性的活动，培养实际操作的能力和技巧。通过这些活动，学生能够亲身体验到劳动的过程和结果，从而增加对劳动的兴趣和认同。

在实践活动中，学生获得成就感和满足感对于培养劳动乐趣与自觉性至关重要。教育者可以设定合适的目标和挑战，让学生在完成任务时感到自豪和满足。同时，及时地认可和肯定也是非常重要的，可以鼓励学生继续努力并相信自己的能力。例如，当学生在园艺活动中成功种植出美丽的花朵时，教育者可以给予赞扬和鼓励，让学生意识到自己的努力和付出得到了回报，从而激发他们劳动的乐趣和自觉性。

劳动教育还应该注重培养学生的自主性和责任感。学生需要意识到自己在劳动中的重要性和影响力，明白自己的劳动不仅仅是完成任务，更是对自己和他人负责的表现。教育者可以通过鼓励学生主动参与决策、安排和组织劳动活动，培养他们的领导能力和自主性。此外，教育者还可以引导学生思考劳动的意义和价值，让他们明白劳动是社会发展和个人成长的基础，从而激发他们对劳动的自觉性和责任感。

3. 培养团队合作和责任感

劳动教育是培养学生劳动观念和价值观的重要途径之一，它涉及各种团队合作的活动，要求学生与他人紧密合作，共同完成任务。通过这个过程，学生可以学会互相协作、分享工作和责任，培养团队合作和责任感。同时，他们也能够认识到劳动不仅关乎个人，也关乎团队和社会的利益，从而形成对团队合作和社会责任的价值观。

在劳动教育的实践中，学生通常需要组成小组或团队，共同完成一项任务或项目。在这个过程中，学生们需要协调彼此的想法和行动，明确分工和责任，并积极地合作完成任务。通过与他人合作，学生们能够互相倾听和尊重彼此的意见，学会有效地沟通和解决问题。他们会意识到每个人的贡献都是团队成功的一部分，因此会更加重视分享工作和责任。

团队合作不仅仅是完成任务的手段，更是培养学生团队合作和责任感的重要途径。在团队合作中，学生们需要相互支持、互相信任，并尊重每个人的才能和贡献。通过共同努力，他们能够取得更好的成果，同时也能够培养出对团队合作的喜爱和对集体利益的关注。

此外，劳动教育还能够帮助学生认识到劳动不仅仅关乎个人的成就和利益，也关乎团队和社会的利益。通过团队合作的实践，学生们能够意识到每个人的工作都是为了实现共同的目标和利益，而不仅仅是个人的满足。他们会意识到自己的努力和贡献可以对团队与社会产生积极的影响，从而培养起对团队合作和社会责任的价值观。

劳动教育的目的是培养学生全面发展的能力，其中团队合作和责任感是重要的方面。通过团队合作的活动，学生们能够锻炼自己的沟通、合作和解决问题的能力，培养团队合作和责任感。这些能力和价值观不仅在学校中有用，也在今后的工作和生活中起到重要作用。

4. 培养节约和勤俭意识

劳动教育在培养学生的节约和勤俭意识方面发挥着重要的作用。通过实践活动，学生能够亲身体验到资源的有限性和珍贵性，从而培养出珍惜和节约资源的习惯。他们意识到勤俭节约不仅是一种美德，而且对个人、社会和环境都具有益处，因此形成了节约和勤俭的价值观。

通过参与各种劳动活动，学生能够切身感受到劳动的辛苦和付出的价值。在这个过程中，他们也会深刻认识到资源的稀缺性，明白资源是有限的，不可浪费。他们通过亲自动手，亲眼见证了劳动的成果，进而培养起珍惜和节约资源的观念。

在劳动实践中，学生不仅可以学到专业知识和技能，还能了解到社会的资源分配和利用问题。他们将学到的知识和技能应用于实际生活中，学会了如何在有限资源下进行合理分配和使用。他们明白，如果每个人都能够从小事做起，节约资源、勤俭节约，那么整个社会的资源利用效率将得到提高，环境也会得到更好的保护。

节约和勤俭意识的培养不仅对个人有益，也对社会和环境都有着重要的积极影响。对个人来说，节约意味着更好地管理和规划个人资源，能够更有效地利用有限的时间和金钱。勤俭意味着培养出吃苦耐劳的品质，从而增强了个人的毅力和奋斗精神。这些品质将使个人更有竞争力，在未来的学习和工作中能取得更好的成就。

对于社会来说，节约和勤俭是一种宝贵的品质。当每个人都具备了节约和勤俭的意识，社会资源的浪费将会减少，资源的分配将更加公平合理。这将有助于缓解资源短缺问题，提高社会的可持续发展能力。此外，勤俭节约的品质还能够促进社会的经济繁荣和稳定，激发人们的创造力和创新精神。

环境保护也是节约和勤俭的重要方面。当每个人都有节约资源的观念，就能够减少浪费和污染，就能够有效地保护环境。通过减少能源消耗、垃圾产生和水资源浪费，我们可以共同建设一个更加美好的地球家园。学生通过实践体验，深刻认识到资源的有限性和环境的脆弱性，从而形成了保护环境的责任感和意识。

5. 培养自我管理和自主学习能力

劳动教育在学生中培养自我管理和自主学习能力方面具有重要作用。它不仅仅是教授学生如何完成具体的劳动任务，更是通过实践和体验，引导学生学会自我规划和组织劳动活动的能力。这种能力对学生的个人成长和发展具有深远的意义。

（1）劳动教育通过时间管理的实践让学生学会合理地安排时间。在劳动活动中，学生需要根据任务的紧急程度和重要性来确定工作的优先级，并制订相应的时间计划。这要求学生具备对时间的敏感性和合理分配资源的能力。通过长期的实践，学生逐渐掌握了如何有效利用时间的技巧，从而使他们能够高效地完成任务，并更好地平衡学习与其他活动的关系。

（2）劳动教育培养了学生的任务分配能力。在团队劳动中，学生需要与他人合作，分工协作完成任务。这要求学生具备良好的沟通能力和团队合作精神。通过与他人合作解决问题和分配任务，学生学会了如何根据个人的特长和兴趣，将任务合理分配给团队成员，最大限度地发挥每个人的优势。这不仅培养了学生的责任心和协作能力，还提高了他们解决问题和组织的能力。

（3）劳动教育通过目标设定的实践培养了学生的自主学习能力。在劳动活动中，学生需要根据任务要求设定明确的目标，并制订相应的计划和策略来达到这些目标。这培养了学生的目标意识和追求卓越的精神。通过不断实践和反思，学生能够发现自身的不足并加以改进，逐渐提高自己的技能水平。这种自主学习的过程让学生体验到了自我成长和进步的喜悦，激发了他们追求知识和技能的内在动力。

（三）培养创新思维和解决问题的能力

1. 培养创新性思维

劳动教育提供了一个实践场所，让学生面对各种问题和挑战。在这个过程中，学生需要运用创新性思维，思考并提出创新的解决方案。

学生需要充分发挥创新性思维，提出独特的解决方案。可以从已有的知识和经验中获得启发，同时也需要勇于尝试新的想法和方法。这种创新性思维的运用不仅有助于解决具体问题，还能培养学生的创新能力和团队合作精神。

劳动教育为学生提供了一个锻炼创新性思维的实践平台。通过面对各种问题和挑战，并提出创新的解决方案，学生可以培养出独立思考和解决问题的能力，为未来的发展打下坚实的基础。

2. 鼓励尝试和失败

劳动教育鼓励学生积极尝试新的方法和创意，并接受失败的可能性。这种教育理念培养了学生的勇气和毅力，使他们更有可能在未来的创新过程中持续尝试和改进。

尝试新的方法和创意是培养创造力与创新能力的重要一环。劳动教育提供了一个安全的环境，鼓励学生在实践中大胆尝试自己的想法。学生们被鼓励思考问题的不同角度，并提出独特的解决方案。他们可以运用创新性思维，尝试新的方法和技术，以寻找更好的解决方案。

然而，劳动教育也认识到失败是成功之母的重要性。学生们被鼓励接受失败，并从失败中吸取教训。他们学会从失败中分析原因，找到改进的方向。这种经验培养了学生的韧性和毅力，使他们能够在面对挫折时不气馁，继续努力追求创新。

鼓励尝试和失败的劳动教育还促进了学生的自信心与自主性。学生们学会相信自己的能力，敢于表达和实施自己的想法。他们在团队合作中互相支持和激励，形成了积极的学习氛围。这样的教育环境鼓励学生不断尝试，克服困难，并为未来的创新和发展奠定了坚实的基础。

3. 跨学科整合

劳动教育促使学生将不同学科的知识和技能整合应用。学生需要将科学、数学、艺术等多个领域的知识结合起来，解决实际问题。这种跨学科的思维过程培养了学生的创新思维和综合能力。

在劳动教育中，学生常常面临复杂的问题和挑战，需要综合运用不同学科的知识和技能。例如，在设计和构建一个桥梁的任务中，学生需要了解物理学的力学原理，应用数学知识计算结构的稳定性，考虑材料的化学性质和工程力学的应用，甚至可能需要运用艺术和设计的原则来优化桥梁的外观。

这种跨学科整合的过程促使学生从多个角度思考问题，并找到创新的解决方案。学生不再将学科知识局限于各自独立的领域，而是将它们相互关联起来，形成更完整的认知。这种综合性的学习使学生能够看到问题的全貌，并培养了他们在不同学科之间灵活转换和应用知识的能力。

此外，跨学科整合也培养了学生的创新思维。当学生将不同学科的知识融合在一起时，他们会面临更复杂的问题和挑战，需要提出创新的解决方案。这要求学生能够跳出传统的思维模式，发散思考，将不同学科的概念和方法进行创造性结合。通过这样的思维过程，学生培养了创新能力和解决问题的能力。

4. 激发想象力和创造力

劳动教育提供了一个自由的环境，鼓励学生发挥想象力和创造力。通过设计和制作自己的作品，学生能够培养创新性思维和独立思考的能力。

在劳动教育的实践过程中，学生通常有机会选择自己感兴趣的项目或任务，并在指导下进行设计和制作。这种自由的环境激发了学生的想象力。学生们不再局限于传统的思维模式，而是被鼓励提出新颖的创意和独特的解决方案。他们可以尝试各种可能性，探索不同的设计思路，从而培养出丰富的想象力。

此外，劳动教育还注重培养学生的创造力。学生们通过实际操作和实践经验，学会将自己的创意转化为现实。他们在设计和制作过程中面临各种挑战，需要灵活运用知识和技能，寻找创新的解决方案。这种实践性的学习培养了学生的创新性思维和解决问题的能力。

劳动教育还鼓励学生进行独立思考。学生们在设计和制作自己的作品时，需要考虑各种因素，并做出自主决策。他们需要思考问题的不同角度，权衡利弊，并根据自己的判断做出相应的设计和制作决策。这种独立思考的过程培养了学生的自主性和批判性思维。

5. 强调在实践中学习

劳动教育强调实践和经验的重要性。通过参与各种劳动活动，学生能够亲身经历问题的出现和解决过程，从中学习如何分析问题、寻找解决方案并实施行动。

劳动教育提供了一个实践的学习环境，学生通过亲身参与实际劳动活动来获取知识和技能。在这个过程中，他们将会面临各种挑战和问题，需要动手实践、思考和解决。通过实践，学生能够将理论知识与实际情况相结合，理解概念的实际应用，并加深对知识的理解和记忆。

实践中的学习使学生能够全面了解问题的本质和复杂性。他们在实践中会遇到各种困难和障碍，需要运用知识和技能来解决。这种经历培养了学生分析和解决问题的能力。学生通过面对实际问题，并通过实践不断调整和改进解决方案，逐渐提高自己解决问题的能力。

劳动教育还鼓励学生从实践中获取经验和教训。学生们能够亲身体验成功和失败，并从中吸取宝贵的经验教训。他们可以通过反思和总结，发现问题产生的原因，评估自己的行动，并探索如何改进。这种经验积累和反思有助于学生的个人成长与专业发展。

通过实践中的学习，学生还能够培养实际操作的技能和技巧。他们通过亲身实践，掌握各种工具和技术的正确使用方法。这种实际技能的培养使学生具备了实际应用的能力，为将来的职业发展做好准备。

6. 培养团队合作能力

劳动教育通常涉及团队合作，学生需要与他人共同完成任务。在这个过程中，他们学会倾听他人意见、协调合作以及解决团队内部的冲突。这培养了学生的合作和沟通能力，帮助他们更好地解决问题。

团队合作是劳动教育中的重要组成部分。学生们通常会被分配到团队中，共同承担一个任务或项目。在团队合作中，学生们必须与他人合作，共同制订计划、分配任务、协调进度，并最终达到共同的目标。在这种合作过程中，学生们需要倾听和尊重他人的意见，理解和接纳不同的观点，从而形成一个积极和谐的工作氛围。

通过团队合作，学生们还学会了协调合作。每个团队成员都有自己的专长和贡献，他们需要相互配合，充分发挥各自的优势，形成合力。学生们学会分工合作、相互支持和互相依赖，从而提高了团队整体的效能和成果。

在团队合作过程中，学生们可能会面临一些挑战和冲突。这时，他们需要学会解决团队内部的冲突，寻找共同的解决方案。学生们通过沟通、协商和妥协，学会了解决问题的技巧和策略。这种解决冲突的能力不仅在劳动教育中有用，在日常生活和职业中也非常重要。

团队合作不仅培养了学生的合作和沟通能力，还有助于他们更好地解决问题。通过与他人合作，学生们能够共享知识和经验，汇集不同的观点和思维方式，从而丰富问题的解决途径。他们学会从多个角度看问题，集思广益，提高解决问题的效率和质量。

7. 培养批判性思维

劳动教育鼓励学生批判性思考问题的本质和根本原因。学生被要求提出关键问题、进行推理和分析，并从不同角度思考解决方案的可行性和后果。

劳动教育提供了一个实践的学习环境，学生在其中面临各种问题和挑战。这些问题可能涉及材料选择、结构设计、工艺流程等方面。学生被鼓励不应停留在表面现象，而应深入思考问题的本质和原因。他们需要提出关键问题，追溯问题的根源，分析问题产生的背后因素。通过这样的批判性思考，学生能够深入理解问题的复杂性，从而为解决问题提供更有效的方法和策略。

在劳动教育中，学生们还需要进行推理和分析。他们需要运用逻辑思维和批判性思维，从已知信息中推导出新的结论。他们需要分析问题的各个方面，评估不同的因素和变量，并预测各种可能的结果和影响。这种推理和分析的过程培养了学生的思维能力和判断力，使他们能够做出明智的决策。

劳动教育还鼓励学生从不同角度思考解决方案的可行性和后果。学生们被要求考虑各种可能的选项，并评估每个选项的优劣和风险。他们需要思考不同解决方案的影响、效果和可持续性，以便做出理性和全面的决策。这种从多个角度思考问题的能力培养了学生的综合思维和创新能力。

通过培养批判性思维，劳动教育为学生提供了更深入的学习体验。学生们不仅仅是简单地完成任务，而是通过批判性思考发展自己的思维能力和解决问题的能力。学会提出关键问题、进行推理和分析，并从不同角度思考解决方案的可行性和后果。这种批判性思维的培养不仅在劳动教育中有用，对学生的学术成就、职业发展和个人生活也具有重要的影响。

8. 培养解决问题的方法和策略

劳动教育不仅注重问题解决的结果，还注重学生运用科学方法和策略解决问题的过程。学生通过实践学习如何制定目标、制订计划、分析数据、评估效果等解决问题的方法。

劳动教育强调学生通过实际操作来解决问题，并鼓励他们运用科学的方法和策略进行思考与行动。学生在面临问题时，首先需要明确目标，明确自己想要达到的结果。其次，要学会制订计划，确定达成目标的步骤和时间安排。这个过程培养了学生的目标设定和计划能力，使他们能够更加有条理地解决问题。

在劳动教育中，学生们也学会了收集和分析相关数据。他们需要了解问题的背景和相关信息，并收集相关的数据和资料。通过数据的分析和评估，学生们能够更准确地了解问题的本质和特点，从而有针对性地制定解决方案。这种数据分析的能力使学生能够基于客观事实做出决策，并提高解决问题的有效性。

劳动教育还鼓励学生评估解决方案的效果。学生们需要思考和评估他们的解决方案是否达到了预期的目标，并对解决过程和结果进行反思和总结。通过这种评估的过程，学生们能够发现方案的不足之处，并改进他们的方法和策略。这种反思和改进能使学生不断提高解决问题的效率与质量。

通过培养解决问题的方法和策略，劳动教育为学生提供了解决实际问题的实践机会。学生们学会了设定目标、制订计划、分析数据、评估效果等关键的解决问题的步骤。这种方法和策略的培养使学生能够更加系统和有序地解决问题，提高了他们的问题解决能力和自主学习能力。

（四）培养团队合作和沟通能力

劳动教育强调培养学生的团队合作和沟通能力。在劳动实践中，学生需要与他人协作、分工合作，共同完成任务。学生通过与他人合作，学会倾听和理解他人的观点，培养良好的沟通能力和团队合作意识。在劳动教育中，学生将参与各种集体劳动活动，如小组项目、团队任务等。这些活动将为学生提供锻炼团队合作和沟通能力的机会。

团队合作是劳动教育的重要组成部分。在团队劳动中，学生需要与他人协作，共同制订工作计划，分配任务，并协调各自的工作进度。学生将学会倾听他人意见，尊重不同的观点，并积极参与团队决策。团队合作将培养学生的合作意识、协调能力和集体责任感。

劳动教育还将培养学生的沟通能力。劳动过程中，学生需要与团队成员进行有效的沟通和协调。他们将学会表达自己的观点和意见，并倾听他人的反馈和建议。通过沟通，学生能够更好地理解他人的需求和期望，增进团队合作的效果。

劳动教育通过培养团队合作和沟通能力，帮助学生在协作环境中更好地融入团队，并有效地与他人进行合作和沟通。

（五）培养责任感和自律能力

劳动教育强调培养学生的责任感和自律能力。学生在劳动教育中将承担一定的劳动任务，要按时完成任务，并对自己的工作结果负责。

劳动教育强调培养学生的责任感。学生将学会对自己的工作负责，对任务的完成负责，并对自己的行为和决策负责。劳动教育通过学生亲身经历劳动过程和任务完成的过程，使他们意识到自己的责任和义务，并培养他们承担责任的态度。

劳动教育还将培养学生的自律能力。在劳动实践中，学生需要遵守工作规程和要求，按时完成任务，管理自己的时间和资源。学生将学会制订计划和目标，并努力实现自己的目标。自律能力将使学生在劳动和学习中更加高效和有序。

劳动教育通过培养责任感和自律能力，帮助学生养成良好的工作纪律和自我管理能力。

二、劳动教育的意义

劳动教育关系到人的全面发展、关系到国家的未来，开展劳动教育是遵循马克思主义教育思想、构建高质量教育体系和高水平人才培养体系的必然要求。

（一）必然要求

第一，开展劳动教育是遵循马克思主义教育思想的必然要求。系统全面的劳动教育思想，就是要把劳动教育提升到普遍规律的高度之上，强调人的解放需要开展劳动教育，从根本上明确了教育应当"为人、对人、靠人"。劳动教育的开展不可或缺。

第二，开展劳动教育是构建高质量教育体系和高水平人才培养体系的必然要求。我国高等院校肩负着培养社会主义事业建设者和接班人、造就无数高技术技能人才的重大任务，培养的人才应该有正确的世界观、人生观和价值观以及正确的事业观、审美观和劳动观。加强高等院校劳动教育，是中国特色高等教育的显著特点，是扎根中国大地办高等院校的本质要求。

（二）客观需要

劳动教育是劳动和教育的有机结合，一方面发挥了劳动的效用，通过利用和总结实践经验实现了理论和实践相结合、知行合一，人们得以在实践中学习、在学习中实践；另一方面发挥了教育的效用，深化了学生对于劳动生产知识和技术的认识与理解，提高了学生的劳动实践能力以及分析和解决问题的水平。只有加强劳动教育才能培养出一大批勤于劳动和善于劳动的人才，才能符合新时代教育发展的根本要求，因而成为实现个人梦想和国家梦想的一个重要选择。

贯彻落实党的教育方针，把"劳"作为培养目标之一，在高等院校开展多种形式的劳动教育，是当前社会现实的需要，更是年青一代成为实现中华民族伟大复兴中国梦的中国特色社会主义事业建设者和接班人的需要。

第三节 劳动教育体系的一体化发展

劳动创造了世界，创造了历史，创造了人本身。劳动渗透在人的社会生活、学习、工作的方方面面，生命不息，生活不停，劳动不止。劳动教育是提升学生劳动素养、促进全面发展的教育活动。"劳动教育厚植于中华传统，是中华民族优秀的文化基因序列，是中国特色社会主义教育制度的重要内容，弘扬新时代劳动精神对落实立德树人根本任务发挥着不可替代的作用。"[①]

一、一体化劳动教育体系的价值导向

不同的劳动形态塑造了不同的教育形态。新时代，由传统工业社会向数智社会转型，劳动主体从个体劳动转向合作劳动，劳动形态从简单劳动转向复杂劳动；劳动结构从物质劳动转向非物质劳动，从生产性劳动转向服务性劳动；劳动关系从雇佣性、从属性转向关系性、共享性。新时代劳动特征更加凸显劳动教育的生存价值、生活价值、发展价值。

---

① 吴海龙，程刚．论高校劳动教育体系的构建［J］．高校辅导员学刊，2022，14（6）：65-69．

（一）劳动教育的生存价值

劳动的生存本质决定了劳动教育的生存价值。无论是劳动认知观的树立，还是劳动技能的获得，抑或是劳动价值观的养成，都需要通过劳动教育实现，劳动教育具有"根"和"魂"的作用。通过劳动教育，增强劳动感受，体会劳动艰辛，分享劳动喜悦，掌握劳动技能，提高发现问题、解决问题的能力，形成热爱劳动的态度，尊重劳动人民，培养敬业、乐业的劳动精神，提升创新、创业劳动能力，发展个体的基本生存能力，从而提高社会生产力，推进经济社会的可持续发展。

劳动教育是全民的、未来的、永恒的、终身的。新时代的劳动者不仅要有强健的身体素质和优良的心理素质，还要有良好的科技文化素质和综合技术技能运用能力，更要有攻坚克难、解决问题的能力和应变危机的创造思维能力等。这既是新时代劳动教育目标的要求，也是劳动教育生存价值的体现。

（二）劳动教育的生活价值

劳动教育是基于生活世界而又能达成意义世界的教育。劳动教育将学生带入劳动世界，丰富其劳动情感，满足其精神需求，促进其精神生长。古今中外的教育家都强调劳动教育的生活教育价值。新时代劳动教育的生活价值，一方面需要关照劳动形态的变化，强调劳动教育的技术性；另一方面需要关照新的生活形态，细分闲暇生活、社会消费的新需求，赋予新型劳动以新的生活价值。

（三）劳动教育的发展价值

人的全面发展是一切教育活动的旨归，是教育的基础和归宿。

首先，通过劳动教育，以劳树德，激发学生感恩自然、感知生活、感悟生命，塑造学生的健全人格，培养学生的高尚品质。

其次，通过劳动教育，以劳增智，锻炼和培养学生关键思维能力，增强其知识运用、联结、综合等高级思维能力，从而使其学会认知、学会学习、学会生活、学会创造。

再次，通过劳动教育，以劳强体，在体验各种劳动中锻炼筋骨、锤炼意志、增强体质、强健体魄。

最后，通过劳动教育，以劳育美，引导学生感知生活美、发现生态美、欣赏自然美、领悟生命美，在实践中感悟发现美、欣赏美，在体验中学会审美、创造美。劳动教育在从"五育并举"到"五育融合"的过程中，推动着劳动者的全面发展。

二、一体化劳动教育体系的逻辑理路

建构一体化新劳动教育体系，主要包括以下三个方面。

（一）系统化设计劳动教育目标

相当长一段时间内，劳动教育囿于学校劳动教育之中，劳动教育目标也囿于劳动教育课程与教学目标之中。对小学和初级中学劳动教育的目标、内容、形式等提出了要求。系统化设计中加强了中小学劳动教育，但没有对劳动教育的实施路径、课程、措施、评价方式等进行明确的、有层次的、具体的制度安排。强调进一步完善德、智、体、美、劳全面培养的教育体系，要突出中小学劳动教育一体化设计，明确将劳动教育贯通于大中小学学段，融入人才培养全过程，贯穿学校、家庭、社会各个方面。

（二）具象化设计劳动教育大纲

劳动教育是"关于劳动"的教育和"通过劳动"的教育的有机统一。"关于劳动"的教育旨在培育热爱劳动与劳动人民的深厚情感，培养正确的劳动观念与劳动态度，养成良好的劳动习惯，习得丰富的劳动技能；"通过劳动"的教育即让学生通过生活劳动与生产劳动，促进德、智、体、美全面发展。无论是"关于劳动"的教育还是"通过劳动"的教育，都通过学科课程或活动课程实现，明确了劳动教育的性质，设计了一体化劳动教育的目标与内容，规范了劳动教育的途径与评价，规定了小学段、初中段、高中段、大学段劳动教育的实施要求，保障了劳动教育的具体实施。

（三）融通性建构劳动教育保障机制

普通教育是劳动教育的"普及版"，职业教育是劳动教育的"专业版"。推进普职融通是构建高质量劳动教育体系的重要组成部分，也是提高劳动教育实效性的有力保障。劳动教育要深化劳动认知，增进劳动情感，增加劳动价值。普通教育以学科知识为逻辑体系，劳动教育往往缺乏力度，职业教育以工作过程为逻辑体系，以服务发展为宗旨，以促进就业为导向，专业门类众多，覆盖面广，能够为普通中小学劳动教育提供相对丰富的劳动教育资源。普遍开展了普职融通的成功探索，坚持在普通教育必修课中设立劳动课、劳动技术课。通过普职融通，共同开发课程、课程互修、学分互认、学籍互转、师资共享，实现了资源共享，既适应了学校多样性发展、特色化发展要求，又适应了学校文化素质教育需求，也满足了学生个性化发展需要，全面提高了学生核心素养和综合能力。

三、一体化劳动教育体系的实践道路

新时代一体化劳动教育体系的实践道路在于：纵向贯通劳动教育目标体系，横向联通劳动教育实践平台，立体互通劳动教育制度保障。

(一) 纵向贯通目标体系，体现阶段性

无论是从劳动教育思想认识的高度、情感态度体验的深度，还是从能力习惯养成的程度来说，大中小学劳动教育是一个整体，不同阶段之间既相互独立又相互联系，循序渐进，从"兴趣培养"到"感性体验"，从"价值认同"到"理性践行"再到"劳动创造"，形成感知、认知、行知、悟知循环往复的认知与实践逻辑。

第一，小学阶段的劳动教育主题是"劳动兴趣，养成习惯"。低年级的目标是感受劳动乐趣，培育劳动兴趣；重点内容是启蒙劳动意识；主要方式是体验日常生活自理。中高年级的目标是学会合作劳动，体会劳动光荣；重点内容是做好个人清洁卫生，养成劳动习惯；主要方式是主动分担家务，适当参加校内外公益劳动。

第二，初中阶段的劳动教育主题是"劳动认知，内化素养"；目标是初步养成劳动品质和职业意识，形成劳动情感；重点内容是掌握日常生活中的基本劳动知识和劳动技能，能够参与适合的生产劳动；主要方式是家政学习，开展社区服务，适当参加生产劳动。

第三，高中阶段的劳动教育主题是"劳动实践，认同价值"。普通高中的目标是理解劳动价值，树立劳动意识，具备服务社会的能力与情怀；重点内容是掌握一定的生产劳动和服务性劳动技能；主要方式是丰富职业体验，开展服务性劳动，参加生产劳动。中等职业学校的目标是增强职业荣誉感，培育爱岗敬业的劳动态度和精益求精的工匠精神；重点内容是提高专业能力和技术技能水平；主要方式是结合专业特色，深入开展实习实训。

第四，大学阶段的劳动教育主题是"劳动创新，追求价值"；目标是增强诚实劳动意识，树立正确的择业观，积累职业经验，提升就业创业能力，培育公共服务意识，具有主动作为的敬业奉献精神；重点内容是系统地学习专业知识，掌握专业能力，具有创造性解决实际问题的能力；主要方式是结合学科和专业，围绕创新创业，积极开展社会实践、勤工助学、公益劳动、志愿服务等。

(二) 横向联通实践平台，体现共享性

作为一种专门教育，劳动教育实施应当有空间。当前，需要着力解决劳动教育场所数量不足、类型单一、管理条块分割等问题，建立政府部门、学校、家庭、社会协同联动机

制，在具象化、细化、深化、转化上下功夫，促进学校阵地与家庭阵地、社会实践基地的衔接互动，推动区域合作和资源共享，构建起全方位支持、全流程评价的劳动教育生态网络，形成全社会共同参与的立体化劳动教育体系。

首先，在校内建设劳动教育实践体验基地。通过建立手工坊、工作坊、劳动技能训练中心、创新创业一条街等方式，开展教学实习、技能实训、岗位体验、就业实践等；通过技能大师进课堂、劳动模范进校园等方式，推动建设劳动教育特色学校。

其次，在校外建设劳动教育综合实践基地。学校要加强与城市、农村、部队、企业的联系，在城镇地区，充分利用国家设施，结合国家建设，合理利用国家资源。在农村地区，应充分利用自然资源、文化资源，建设网络化、嵌入式综合实践基地，为学生参加实践活动提供保障。要依托社会力量和各行各业的专业力量，打造导向明确、功能丰富、设施配套、特色鲜明、作用明显的主题实践基地，构建专兼职结合的"双师型"劳动教育指导教师队伍，为学生参加农业生产、工业体验、商业服务，开展专业实践劳动、职业体验劳动、生产生活劳动等提供条件。

最后，在社区建设志愿服务基地。可通过社区的劳动文化引导学生正确认知；使学生在情感上懂得劳动光荣、劳动伟大、劳动最美的道理；在能力上养成良好的劳动习惯，具备生存发展需要的基本劳动技能。

（三）立体互通制度保障，体现协同性

劳动教育要以学校为重点、以家庭为基础、以社会为巩固，建立起学校、家庭、社会三位一体协同创新的合力育人机制。

首先，学校是劳动教育的牵头者，是家庭劳动教育的指导者，是社会劳动教育的促进者，在劳动教育中具有主导性作用。学校劳动教育要规范化。

其次，家庭在劳动教育中具有基础性作用，家庭劳动教育要日常化。家庭中应树立热爱劳动的良好家风，家长通过日常生活中的言传身教，启蒙孩子的劳动情感，使其从小养成劳动习惯；家长要抓住日常劳动教育时机，让孩子掌握必要的劳动技能；鼓励孩子参加社区生活技能展示活动，利用节假日参加各种社会劳动。

最后，社会是劳动教育的体验地，在劳动教育中具有支持性作用，社会劳动教育要多样化。社会劳动教育体现劳动教育过程的延伸性、实践性和真实性，推进社会劳动教育有宽度、显生气。

当然，一体化劳动教育体系实践还需要建构课程体系，建设师资队伍，建立评价体系，健全体制机制，遵照价值逻辑、知识逻辑、技术逻辑，特别是要适应学生身心特点，

强化实践，体现体验性；结合地方、学校、学生实际，注重城乡差异、区域差异、个体差异，体现差异性；适应时代发展的特点，注重新知识、新方法、新工艺、新技术的学习与应用，体现时代性。由此，保障劳动教育从理论认知到实践操作、从顶层设计到细化落实，建构起新时代中国特色高质量一体化的劳动教育体系。

第二章 大学生劳动教育的精神内核

第一节 大学生劳动精神培育

一、劳动精神及其教育理论

"新时代劳动精神有着深厚的理论和现实土壤,它既承继于马克思主义的劳动思想和中华优秀传统文化,也植根于中国特色社会主义制度和新时代的伟大实践之中。肯定劳动创造价值、关心爱护劳动者、鼓励劳动创造是新时代劳动精神的丰富内容。"[①] 学生若想实现全面发展,必然离不开劳动,对于劳动过程中凝结出来的劳动精神进行正向教育引导,对学生成长成才有着重大的现实意义。

(一)劳动精神与劳动精神教育

1. 劳动精神

(1)劳动精神的含义。"精神"有两个意思,既指人的意识、思维活动和一般心理状态,又指一个人所表现出来的"活力",形容"活跃、有生气"。劳动精神则是指劳动者所秉持的热爱劳动的态度、崇尚劳动的理念及其展现出的积极的人格气质。劳动精神是关于劳动的思想认知和行为实践的集中体现,其本质上反映的是劳动者的思想情感和人格气质。

对于"劳动精神"的理解,应重点把握以下两点:

第一,根据学生身份、特点、问题实际,应该以培养勤俭、奋斗、创新、奉献的劳动精神为基础,为以后走入社会劳动岗位打下基础。学生正处于世界观、人生观、价值观形成的关键时期,可塑性很强,在学校里必须加强学生的劳动精神教育。崇尚劳动、热爱劳

---

① 上官苗苗. 新时代劳动精神探析[J]. 广西社会科学,2020(7):41-45.

动、辛勤劳动、诚实劳动的16个字的内涵能帮助我们更加明晰对学生提的劳动精神的未来目标，是学生今后追求的目标和努力的方向。

第二，把劳动精神、劳模精神、工匠精神做一定的区分。如果说劳动精神是每一名合格的劳动者基本精神风貌的要求，那么劳模精神便是劳动者中的杰出代表的精神风貌。如果说劳动精神是劳动者的共性，则工匠精神就是精益求精、追求卓越的劳动者的个性。三者的共同点在于：劳动精神、劳模精神、工匠精神都是通过劳动磨砺出来的精神产物，都是广大劳动者的精神财富。

（2）劳动和劳动精神的关系。劳动精神是人类在劳动中所产生的精神产物和精神财富。在当前社会中，弘扬劳动精神已成为人类劳动活动中不可或缺的需求和必要选择。劳动是人的本性所在，而劳动精神则是每一个人都应该具备和学习的重要精神。弘扬劳动精神教育不仅是人类劳动活动的必然需求，也是社会发展的必要选择。

在社会主义社会中，弘扬劳动精神已成为内在要求。劳动是价值创造的根本，而作为创造者的劳动者则是价值的主体，对于一切劳动和劳动者都应该予以尊重。在全面建成小康社会和实现民族复兴的过程中，依靠劳动和劳动者来创造实现这一目标已成为其根本基础。

2. 劳动精神教育

（1）劳动精神教育的解读。劳动精神教育是指通过教育培养学生具备积极向上的劳动态度、勤奋刻苦的工作习惯以及独立解决问题的能力。劳动精神教育对学生的发展起着重要的作用。

第一，劳动精神教育鼓励学生树立正确的劳动观念。在现代社会中，劳动被认为是实现个人和社会发展的基础，学生应该从小树立正确的劳动观念。通过劳动精神教育，学生能够明白劳动的重要性，理解劳动的价值，并且主动参与到各种劳动活动中去。

第二，劳动精神教育强调培养学生的勤奋和毅力。劳动需要付出辛勤的努力和持续的坚持，这些品质在学生的学习和生活中同样具有重要的意义。通过参与劳动活动，学生将会体验到辛勤劳动的过程，明白只有坚持不懈地努力才能获得成果。

第三，劳动精神教育注重培养学生的团队合作精神。劳动精神教育可以通过团队劳动活动来培养学生的团队协作意识和能力，让他们学会与他人共同合作、相互配合，发挥个人的优势，达到更好的劳动效果。通过与他人合作劳动，学生能够学会倾听他人的意见和批评，培养相互尊重和理解的品质。

第四，劳动精神教育强调培养学生的创新和解决问题的能力。通过劳动精神教育，学生将会培养出锐意进取、勇于探索的品质，学会面对问题时不轻易放弃，而是通过创新和寻找解决方案来克服困难。这些能力对学生未来的职业发展和社会生活都具有重要的意义。

（2）劳动精神教育和劳动教育的关系。劳动教育涵盖了劳动观念树立、劳动精神教育、劳动习惯养成、劳动技能传授等主要内容，是一项综合思想认识和行为实践并重的教育活动。其核心在于培养学生的劳动精神品格。作为劳动教育的重要组成部分，劳动精神教育旨在劳动观念树立、劳动习惯养成、劳动技能传授的基础上，提升受教育者的思想品质和劳动意志力，达到一种思想境界的提升。

学生在劳动中接受教育的过程中，劳动精神的培养也是必不可少的。劳动本身需要具备劳动精神，即正确的态度、高度的干劲、坚定的意志和优秀的品格等特质。缺乏这种精神状态的个体不仅无法胜任具体的劳动任务，也无法符合当今国家、社会以及时代的要求。当前的时代要求追求高质量发展、创新发展、精益求精以及奉献贡献。

劳动精神体现了劳动者在劳动中积极的态度和高尚的人格气质，既是时代精神和民族精神的高度凝练，也是劳动教育的重要价值目标。劳动精神教育作为劳动教育的意识启蒙、关键环节和价值升华，具有重要意义。通过劳动精神教育，学生将逐渐树立正确的劳动观念，培养积极向上的态度，锻炼坚韧不拔的意志，塑造高尚的品格，从而在实践中不断提升自身素质，为社会的发展和进步作出积极贡献。

（二）劳动精神教育的价值

新时代的学生出生于我国经济蓬勃发展的时期，他们在思想和行为上都表现出了跟以往学生不同的特征。对新时代学生进行劳动精神的培育，让他们树立用劳动推动民族复兴的强烈意识，从而转化为实际的行动，因此要通过劳动精神的培育使学生的劳动素养提质升级，打造适应国家各领域全面发展的人才队伍，从而助力实现中华民族伟大复兴。

1. 促进社会主义现代化国家建设的客观需要

新时代以来，党中央以非凡的政治魄力和坚定的理论自信提出了中国梦的概念，也就是要全面建设社会主义现代化国家。宏伟目标除了要靠科学合理的规划外，也离不开人这一能动要素的积极发挥，人时刻需要精神的鼓舞才能形成持续的执行状态。而劳动精神实现了劳动与精神的合二为一，能够及时补充个人的精神食粮，能够让人时常处于一种亢奋状态，能避免人的实践行为出现断层。

（1）实现复兴强国伟业的客观需要。劳动精神来源于实践，最终也会引领并激励人们在实践中创造出新事物。学生是未来国家振兴的生力军，要求他们树立建设意识、复兴意识，主动作为，自觉扛起实现民族复兴的重担。

学生需具备崇尚劳动的精神。必须先让崇尚劳动入驻学生的内心，让其思想领域具有劳动精神的概念，促使其劳动意识的觉醒。才能进一步谈助力国家的发展。鼓励每位学生为民族的建设持续发力，让他们满怀激情地投入实现中华民族伟大复兴的浪潮中去，为其出谋划策、尽心竭力。能够让他们明白自己作为国家建设的后备军更应该通过奋斗为自己的人生增添亮丽的底色，用行动来证明自己与国家是血脉相连的统一体，不是彼此孤立的个体。

（2）推动民族富强昌盛的客观需要。我国社会主义的现代化是全方位的现代化，需要稳扎稳打、步步为营，它离不开每一位劳动者的辛勤劳动。每个人都需要将对美好生活的追求和远大梦想的实现付诸实际行动，在劳动中实现价值、创造幸福生活。辛勤汗水、实干兴邦是中国现代化道路的力量基石。任何设想和目标必须要跳出思想的牢笼上升到执行层面才能体现它的效果。

学生需要树立诚实劳动的精神，需要时刻保持谦卑、虔诚的心态，不得弄虚作假。目前社会当中不诚实的劳动现象仍然广泛存在。这就要求学生要勤恳诚实地劳动，保证各项劳动果实都是真实的、合法的。只有合法化和正规化的劳动成果才能为国家下一阶段计划的展开奠定基础，才能够促进发展的延续性和创造性。诚实劳动让经济运行、文化发展、生态复苏等都处在一张安全网的严密保护之下，从而使我国的各项发展能够井井有条地进行下去。

2. 促进学生德、智、体、美发展的内在要求

劳动精神能够促进学生德、智、体、美的发展，从而为学生全面发展奠定前提条件。劳动实现了人的发展和社会的进步。随着人类运用生产工具的逐步成熟，人类对自然的改造程度逐步增强，他们逐渐摆脱力量的束缚，成为能随时随地支配自己的自由人，为人能够发展各方面的能力奠定了前提条件。劳动精神也应该发挥它的独特价值，它是培育学生"魂"的利器，通过促进学生精神观念的全面升级，使得他们的德、智、体、美逐渐得到发展，才能为进一步实现学生的全面发展提供有力的动力转换。

（1）增强学生品德和智力的需要。劳动精神是劳动教育的重要内容，对于学生而言，全面发展是包括德、智、体、美、劳的全面发展，新时代是一个全新的时代，人才培养目标也相应地发生了变化，新时代要加强对学生劳动精神的培育，把他们锻造成德、智、体、美、劳全面发展的人才。

劳动精神的培育使学生能够不断培养自身的综合素质，使自身越来越接近全面型人才的目标。首先，以劳树德。劳动精神的培育可以锤炼学生的优良品质，养成尊重劳动、热爱劳动的宝贵品质。学生在劳动中逐渐树立起劳动观念，并且在劳动中不断克服挫折，使

意志更加坚定。其次，以劳增智。劳动精神的培育能够通过劳动精神教育使学生的思维更加积极和活跃，对提升学生的智力很有帮助，可以引导学生从劳动中发现问题、引起思考，从而激发学习的兴趣，探寻生命的奥秘，还能锻炼学生的生活技能，从而发掘学生自身潜力，从而促进学生智力的提高。

（2）提升学生体质和审美的需要。通过劳动精神教育可以提升学生增强体质的需要。为了保证学生体质的健康，劳动精神教育是必不可少的。

首先，通过劳动精神教育强化了学生的运动意识，使他们的运动量得到了增加，即便某些学生仍然不愿意劳动，但是迫于家长、学校的压力，他们也会走出室内进行劳动，在此过程中会促进他们代谢的加快，逐步锻炼学生身体体能，提高学生的身体素质。

其次，通过劳动精神教育可以提升学生的健康水平，逐步改善他们身体的亚健康状态。通过劳动精神教育让学生受其鼓舞进一步转化可以让肌肉骨骼得到锻炼和发展，增大肺活量，促进心脏的发展，通过劳动也可以调节脑力活动，促进学生脑部神经系统的发展，有利于消除繁重学习带来的压力和负担，对学生的心理健康有重要的促进作用。

通过劳动精神教育让学生的审美能力有所增强。劳动精神的培育能够让学生在劳动过程中提升对美的认识能力，人在劳动中通过感官接触周围千姿百态的事物，从而获得一种美的体验，人类通过劳动改造周围的世界总是合规律且合目的性的，正是这种自为的处事方式促使人走向自我解放和发展。

劳动者获得的是一种视觉美、生理上的运动美、心理上的愉悦感受。在这个美的获得程式里，劳动本身是产生美的原因，也就是说正是劳动使得人类获得了身体和精神上的富足，在劳动过程中，人类既要享受各种劳动形式的体验之美，还因劳动创造殷实的劳动成果而产生一种获得之美，从而更加积极地认同劳动。

3. 提升新时代学生劳动素养的内在需要

学生的劳动素养体现了一个人在劳动方面的各项能力。劳动素养既包括劳动技能这样的外在素养，也包括劳动价值观、劳动品质等内在素养。劳动精神属于劳动意识和劳动价值观等观念层面的东西，因此，解决学生劳动精神教育问题将有助于推动学生劳动素养的提高，促进他们劳动素养的培养。

（1）满足学生劳动意识和劳动价值观提升的需要。通过劳动精神教育能促进学生劳动意识的形成。劳动意识体现了个人在劳动过程中对待劳动的自觉能动性，对待劳动、劳动人民、劳动成果的感知性和选择性。劳动意识的强弱决定了学生劳动主观能动性的发挥程度，通过培育学生的劳动精神能够切实增强他们的劳动意识，从而进一步激发学生参与劳动的热情和积极性。具备热爱劳动等劳动精神能动员学生参与各种志愿服务、义工组织，培养学生真干、实干的精神，进一步提高他们为社会的奉献意识和责任感。

通过劳动精神教育能促进学生劳动价值观的提升。正确的劳动价值观在于能够认同劳动，尊重劳动，承认劳动创造一切的意义，具备崇尚劳动等劳动精神就是对劳动重要性的高度认可。劳动精神是一种高尚的劳动精神品质。通过培育热爱劳动的劳动精神可以培养学生不怕艰难、乐于奉献的崇高品质，能够增进他们的劳动感情，使学生能够更加热爱劳动，落实劳动行为，强化劳动的持久性；有利于避免错误劳动观念的产生和出现；明白劳动具有创造历史的本源性价值和具有创造财富的经济性价值。

（2）强化学生劳动知识与技能学习的需要。崇尚劳动、热爱劳动等劳动精神能够激发学生对各种劳动知识与技能的学习。劳动知识与技能包括各种劳动理论知识、专业劳动知识以及劳动法律知识，决定了学生以后能否胜任各种专业岗位的劳动能力和素质。

通过培育劳动精神，能够激发学生学习劳动技能的兴致和激情，不仅能够丰富他们的知识素养，也为以后他们能够胜任不同的劳动岗位打下了坚实基础，还有利于提升他们在劳动过程中对知识和技能的运用，通过对劳动技能、知识的运用还可启发他们的灵感，培养他们的创造、创新思维。

通过培育劳动精神，能够激发学生创新原有知识和技能的能力。热爱劳动让学生满怀兴致地投入劳动知识与技能的学习中，还能开阔学生的思维，让已有的劳动知识活跃起来，调动起学生创新知识的积极性，引导学生发现、发明人类尚未拥有的新事物和新价值。

（三）劳动精神教育的理论基础

1. 马克思主义劳动教育理论

马克思主义劳动教育理论是基于马克思主义的基本原理和观点，旨在通过教育和培养劳动者，促进劳动者全面发展、实现自我解放和社会进步。

（1）马克思主义劳动教育理论强调劳动的社会本质。劳动教育应当使劳动者认识到劳动的社会意义和价值，理解劳动的本质和作用，激发他们对劳动的热爱和责任感。这有助于建立正确的劳动观念，摒弃劳动的机械性和被迫性，从而主动参与到劳动过程中。

（2）马克思主义劳动教育理论强调劳动者的自我解放。劳动教育应当使劳动者认识到自己是劳动的主体和创造者，具有改变自身和社会的能力。通过劳动教育，劳动者将掌握技能和知识，提高自身素质，增强自主创造能力，从而在劳动中实现自我发展和实现自己的价值。

（3）马克思主义劳动教育理论强调社会主义劳动教育的特点。在社会主义社会中，劳动教育应当以共产主义理想和价值观为指导，培养劳动者具备共产主义精神和道德观念。劳动教育应当注重培养劳动者的创新精神和实践能力，激发他们在工作中发挥主观能动性，推动生产力的发展和社会的进步。

（4）马克思主义劳动教育理论强调劳动教育与知识教育的有机结合。这要求劳动教育不仅注重理论教育，也注重实践操作，将知识运用到劳动实践中。通过劳动教育，劳动者能够获得全面的发展，既有丰富的知识储备，也具备实际操作的能力，旨在培养具有高度社会责任感、创新精神和实践能力的劳动者，推动个人和社会的全面发展。

2. 中国共产党人的劳动精神教育思想

中国共产党始终将劳动视为一切财富的源泉，劳动者的创造力和劳动精神是推动社会进步和发展的重要力量。

（1）党的劳动精神教育思想强调劳动的尊严和价值，弘扬勤劳、诚实、奋斗、创新的劳动精神。这一思想教育人们要珍视劳动，尊重劳动者的辛勤付出，同时也倡导劳动者要具备奋发向上、勇于创新的精神品质。

（2）中国共产党人的劳动精神教育思想还强调劳动与知识、文化相结合，提倡全民教育、全民培训。党员干部要不断提高自身的劳动技能和综合素质，做到知识与劳动相结合，以智慧和勤奋创造更大的价值。此外，劳动精神教育也注重培养广大人民群众的创业意识和创新能力，鼓励他们通过劳动和创造实现自身的发展与社会的进步。

（3）中国共产党人的劳动精神教育思想还强调团结合作、共同奋斗的重要性。党员干部要带头参与集体劳动，增强集体主义意识和团队合作精神。通过集体劳动，能够加强党员之间的联系和交流，培养集体荣誉感和集体责任感，推动全社会形成团结奋进、互帮互助的劳动风尚。

（4）中国共产党人的劳动精神教育思想还注重劳动成果的公平分配和劳动者权益的保护。党的思想强调劳动者应当分享劳动成果，实现公平分配。党员干部要关心劳动者的权益，为劳动者争取合理的劳动报酬和权益保障。

中国共产党人的劳动精神教育思想旨在培养全体人民的劳动意识、劳动习惯和劳动精神，推动全社会形成勤劳创业、奋发向上的社会风尚。通过劳动精神的教育，人们将更加珍视劳动，尊重劳动者，注重劳动与知识、文化的结合，团结合作、共同奋斗，追求公平分配和劳动者权益的保护。这将进一步激发人民的创造力和干劲，推动中国社会的繁荣和发展。

3. 中国传统文化中的劳动精神教育思想

中国传统文化中的劳动精神教育思想根植于中国几千年的历史和文化传统，体现了对劳动的重视和对勤劳创业的崇尚。这一思想深深植根于中国人民的思想观念和行为准则中，对于培养人们的劳动意识和劳动精神起到了重要的推动作用。

中国传统文化中，劳动被视为一种崇高的价值和道德追求。

（1）古代文化经典中常常强调劳动的重要性，认为劳动是造福社会和个人的基础，是人与天地相连的重要纽带。中国传统文化中的劳动精神教育思想也强调劳动与道德的关联。中国传统文化中的劳动精神教育思想强调劳动与智慧的结合。劳动被视为人们实践智慧、创造价值的手段和方式。

（2）中国传统文化中的劳动精神教育思想还强调了家庭和社会的关系。劳动被看作维系家庭和社会稳定的基础。古代文化中常常强调孝道和家庭责任，要求人们通过劳动来养活家人、照顾老人和子女，体现出劳动与家庭和睦、社会和谐的密切关系。这种观念促使人们对劳动充满责任感和奉献精神，形成了中国传统文化中重视家庭、重视社会责任的价值观。

中国传统文化中的劳动精神教育思想根植于中国几千年的历史和文化传统，强调劳动的价值和重要性。这一思想通过弘扬劳动的崇高意义、鼓励勤劳致富、强调劳动与道德的关联、强调劳动与智慧的结合以及强调劳动与家庭、社会的关系，培养了人们的劳动意识和劳动精神，对于个人的成长和社会的发展起到了重要的推动作用。

二、劳动精神教育目的、原则和内容

给学生开展什么样的劳动精神教育，是回答"培养什么人"这一问题的关键环节。为了避免学生劳动精神教育面临"指向不明"或"无所适从"等问题，为了结束劳动精神教育的这种空白和低谷状态，我们必须要首先明确劳动精神教育的目标、原则和内容，这是开展劳动精神理论教育和学理教育的基础工作。"劳动精神教育在一定程度上决定了社会主义建设者和接班人的劳动素养和能力水平。以大学生劳动精神培育为归宿，厘清新时代劳动精神是一种吃苦耐劳的奋斗精神、认真负责的担当精神、不计回报的奉献精神和相互关爱的团队精神。"[①]

（一）劳动精神教育的目的

劳动精神教育旨在培养学生正确的劳动观念、积极的工作态度和勤奋的工作习惯。其目的是使学生具备创造力、团队合作精神和社会责任感，从而促进他们的全面发展和为社

---

① 刘经纬，崔箐琳.大学生劳动精神教育论析[J].长春大学学报（自然科学版），2021，31（1）：37-40.

会作出贡献。

首先，劳动精神教育的目的是培养学生正确的劳动观念。在现代社会中，劳动不仅仅是为了谋生，更是一种价值追求和自我实现的途径。劳动精神教育通过传授正确的劳动观念，使学生认识到劳动的尊严和价值。这种正确的劳动观念包括尊重劳动、热爱劳动、诚实守信等，通过培养这些价值观，可以使学生在学习和工作中更加积极主动、勤奋努力。

其次，劳动精神教育的目的是培养学生积极的工作态度。工作态度是一个人对待工作的态度和情感表现，它直接影响着工作效率和工作质量。劳动精神教育通过引导学生树立正确的工作态度，激发他们的工作激情和责任感。在培养积极工作态度的过程中，劳动精神教育注重培养团队合作精神、积极面对挑战、勇于创新等素质。

再次，劳动精神教育还旨在培养学生勤奋的工作习惯。劳动精神教育通过强调努力工作的重要性，培养学生的勤奋意识和工作习惯。勤奋的工作习惯不仅包括努力学习和完成学业任务，还包括主动参与实践活动、积极锻炼身体等方面。这样，学生能够充分发挥自己的潜力，不断提高自身能力，为未来的学习和工作打下坚实的基础。

最后，劳动精神教育的目的也包括培养学生的创造力和创新思维。劳动不仅是重复性的劳动，更需要学生具备创新能力和创造精神。劳动精神教育注重，培养学生的观察力、思考能力和解决问题的能力，培养他们独立思考和创造的能力。

总之，劳动精神教育的目的在于培养学生正确的劳动观念、积极的工作态度和勤奋的工作习惯。通过劳动精神教育，学生能够形成正确的价值观，培养积极向上的工作态度，养成勤奋的工作习惯，并培养创造力和创新思维，从而为他们的全面发展和社会进步奠定基础。

（二）劳动精神教育的原则

劳动精神教育的原则是指在开展学生劳动精神教育过程中所遵循的基本准则和指导方针，这些原则旨在确保劳动精神教育的有效性和可持续性。

第一，实践导向原则。劳动精神教育应以实践活动为基础，引导学生通过亲身参与劳动实践，体验劳动的意义和价值。学生可以参与学校内外的劳动项目，如校园环境整治、义务劳动活动等，通过亲身实践和实际工作，培养劳动习惯和工作技能，提升实际动手能力和解决实际问题的能力。

第二，综合素养培养原则。劳动精神教育应注重培养学生的综合素养，包括知识、技能、态度和价值观的全面发展。劳动精神教育不仅要关注学生的劳动技能培养，还要注重培养学生的创新能力、团队合作精神、沟通能力等综合素养，使他们在未来的学习和工作中能够全面发展和应对各种挑战。

第三，个性发展原则。劳动精神教育应充分尊重学生的个性差异，注重培养学生的个性发展。不同学生在劳动中有不同的特长和兴趣，教育者应根据学生的特长和兴趣，为他们提供相应的劳动项目和机会，激发他们的积极性和创造力，从而促进他们在劳动中的个性发展。

第四，激励引导原则。劳动精神教育应注重激励和引导学生参与的积极性。通过及时给予肯定、奖励和鼓励，激发学生对劳动的热情和投入，增强他们的责任感和自我认同感。同时，教育者应给予适当的引导和指导，帮助学生建立正确的劳动观念和工作态度，引导他们在劳动中不断追求卓越。

第五，社会实践原则。劳动精神教育应与社会实践相结合，使学生能够了解社会的劳动现实和需求。通过参观企业、社区服务等社会实践活动，学生可以深入了解不同行业的工作内容和劳动条件，增强对劳动的认识和理解。同时，社会实践还能让学生体验社会责任感，培养他们为社会作出贡献的意识。

第六，持续性原则。劳动精神教育是一个持续性的过程，应长期而有计划地进行。教育者应制订长远的劳动教育计划，包括定期的劳动活动和培训，确保学生在学习过程中能够持续接受劳动精神的教育。此外，教育者还应定期评估和反馈学生在劳动中的表现，以及教育效果，不断地改进教育方法和内容。

劳动精神教育在以学生为主体时应遵循实践导向原则、综合素养培养原则、个性发展原则、激励引导原则、社会实践原则和持续性原则。这些原则的贯彻可以有效地促进学生的劳动精神培养，使他们具备正确的劳动观念、积极的工作态度和勤奋的工作习惯，为个人的全面发展和社会的进步作出贡献。

（三）劳动精神教育的内容

劳动精神教育内容的设计应以学生为主体，旨在培养学生正确的劳动观念、积极的工作态度和勤奋的工作习惯，具体内容如下：

第一，劳动精神教育的重要内容之一是培养学生正确的劳动价值观。教育者可以通过讲解劳动的意义和价值，引导学生认识到劳动的尊严和重要性。

第二，劳动精神教育还应注重培养学生的劳动技能。学生可以参与各种劳动实践活动，通过亲身实践和实际工作，掌握相应的劳动技能。

第三，劳动精神教育应注重培养学生的团队合作精神。在劳动中，需要他们具备良好的团队合作能力，并培养他们的集体荣誉感和责任感。

第四，劳动精神教育还应注重培养学生的创新思维。劳动不仅是重复性的劳动，也需要学生具备创新能力和创造精神。

第五，劳动精神教育还应注重培养学生的社会责任感。学生需要认识到自己在劳动中所承担的社会责任，明白自己的劳动对社会的影响。

劳动精神教育在以学生为主体时应突出培养学生的劳动价值观、劳动技能、团队合作精神、创新思维和社会责任感。培养学生积极向上的工作态度和勤奋的工作习惯，为个人的全面发展和社会的进步作出贡献。

第二节　大学生劳模精神教育

一、劳动模范精神的引领价值

（一）劳动模范精神引领价值及其作用机制

劳动模范身上所表现的爱岗敬业、争创一流、艰苦奋斗、勇于创新、淡泊名利、甘于奉献等优良品质，对劳动群众起到了精神引领的作用，其优秀精神品质体现出深厚的劳动文化内涵，引领中华儿女勤力同心建功新时代，助力实现中华民族伟大复兴的中国梦。

1. 精神引领是劳动模范的内在规定与价值起点

劳动创造了人和人类社会，劳动是人类社会进步和发展的源泉，劳动模范用实际行动展现了劳动的价值，其身上所拥有的劳模精神体现了中华儿女勤劳奋斗、自强不息的民族基因，带领我们在中国建设与发展的各个时期做出辉煌的成绩，劳动模范的精神引领成为当今社会不可或缺的精神力量，给中华儿女建设祖国、发展社会主义提供了精神指引，劳动模范的精神引领是劳动模范作为"模范"的特质，其榜样示范作用有助于我们在生产、生活中精进劳动技能，提升工作能力。

（1）深厚的劳动文化传统与实践基础。

第一，劳动模范的精神引领价值是马克思主义劳动价值观的生动体现。劳动是人类存在的基础，是人类基本的实践活动。劳动在人的社会化过程中，起到了决定性作用，人们可以通过劳动，解放社会关系；人类通过劳动实现价值；通过劳动发展政治、经济、文化。

第二，劳动模范的精神引领价值是我国优秀劳动文化传统的时代结晶。中国人民是勤劳奋进的，在五千年灿烂的中华文明史中，中国人民用勤劳和智慧在中国大地生产、生活，创造了丰富的物质文明和精神文明。我国一向推崇创新创造，辛勤的劳动锻造了中国人民踏实、肯干的优秀品质，这一品质贯穿于社会发展的始终，不断推动社会生产力的发展。

第三，劳动模范的精神引领价值植根于党带领人民所进行的奋斗实践。劳动模范在中国的革命、建设和改革中，树立典型，发挥了引领普通劳动者积极上进、努力生产的作用，凝聚在他们身上的良好精神品质成为宝贵的精神财富，为我国全面建成社会主义现代化强国提供精神动力。

（2）中国精神是劳动模范精神引领的根本价值指向。劳动模范是人民的英雄，时代的楷模，其身上体现的优秀精神品质，对人民群众的思想和行为具有价值导向作用。从劳动模范发展的历程结合国家的需要，爱国主义和创新创造是劳动模范身上所具有的最重要的、最根本的品质，也将成为劳动模范精神引领的根本价值指向。劳动模范的精神引领作用根本指向于爱国主义和创新创造，为全国劳动群体树立榜样，成为劳动者不断学习，努力追求的良好精神状态。

（3）一以贯之的崇高道德是劳动模范精神引领的内在人格规定。劳动模范的评选具有严格的程序和标准，在不同的历史时期，根据方针政策的变化有一些调整。劳动模范在评选的过程中，牢牢把握评选工作的正确方向，要以建立健全评选机制为基础，评选坚持把政治坚定、品德高尚、勤奋敬业、勇于创新，在社会主义经济建设、政治建设、文化建设、社会建设以及生态文明建设和党的建设等方面做出突出贡献的先进模范。

2. 劳动模范精神引领价值的核心表征与伦理意蕴

劳动模范身上所凝聚的精神品质，集中体现了以爱国主义为核心的民族精神和以改革创新为核心的时代精神，体现了伟大创造精神、伟大奋斗精神、伟大团结精神、伟大梦想精神。同时，劳动模范的优秀品质对社会风尚的引领和社会主义核心价值观的塑造具有重要意义，对培育时代新人的过程也产生积极影响。

（1）劳动模范精神引领的本体性价值。

第一，体现和丰富了中国人民的"创造精神"。劳动模范的精神引领价值体现和丰富了中国人民的伟大创造精神，在生产实践中发明了载入人类的科技成果，体现了劳动人民的智慧和勤劳，劳动模范体现和丰富了这一伟大的创造精神。

第二，体现和丰富了中国人民的"奋斗精神"。中国是四大文明古国之中唯一没有衰败的国家，在历史的长河中生生不息。在我们优秀的传统文化基因中，自强不息这一美好的精神品质始终促使我们前进，劳动模范体现和丰富了中国人民伟大的奋斗精神。

第三，体现和丰富了中国人民的"团结精神"。我国是一个多民族的国家，在长期的发展过程中，56个民族多元一体，相处融洽，形成了一个团结友爱的大家庭。劳动模范作为技术能手与群众榜样，能够感召集体力量，指引集体攻坚克难，特别是在困难时期能够带给人们团结向上的精神力量。

第四，体现和丰富了中国人民的"梦想精神"。中国人民始终都是勇敢的追梦人，中华民族始终是有追求有梦想的民族。我们每一个个体都是时代的奋斗者，而劳动模范是时代重任中具有代表性的一员，他们的典型示范作用为我们普通群众增添了精神动力，让我们在追梦的路上多了一些动力。

（2）劳动模范精神引领的社会价值。劳动模范是时代的领跑者，对国家和社会的发展起到了积极的作用，劳动模范的精神更是一笔宝贵的精神财富，对整个社会的风气和社会主义核心价值观的培育也具有正向的作用。培育良好的社会风尚成为一项重要的任务，劳动模范的精神引领对社会风尚的培育和社会主义核心价值观的发展意义重大。

第一，劳动模范对良好社会风尚的引领。要弘扬劳模精神，营造劳动光荣的社会风尚，使人人都有通过辛勤劳动实现自身发展的机会。劳动模范身上所凝聚的优秀精神品质，是推动我国发展进步的巨大精神力量，具有很强的示范性和引领性，对引领社会风尚，具有重要意义。

第二，劳动模范对社会主义核心价值观的引领。劳动模范和先进工作者是坚持中国道路、弘扬中国精神、凝聚中国力量的楷模，他们以高度的主人翁责任感、卓越的劳动创造、忘我的拼搏奉献，为全国各族人民树立了学习的榜样；劳模精神，生动地诠释了社会主义核心价值观，是我们的宝贵精神财富和强大精神力量。

第三，劳动模范对"时代新人"的正向引领。新时代劳动模范精神文化塑造，有助于培养合格的社会主义建设者和接班人，对青年的社会主义核心价值观塑造起到积极、正向的作用，主要包括：①以"劳"树德，锤炼劳动品质。青年人的道德培育是一项基础性的工程，育人为本，以德为先，德育是对学生的思想、政治、道德观念等方面进行教育。②以"劳"增智，辨清价值观念。智育是为发展学生智力，增长学生才智而进行的有组织、有计划的科学文化知识和技能的教育活动。③以"劳"强体，培育劳动素养。体育和劳动的联系是非常密切的，体育是从人类劳动和游戏中演化而来的。劳模精神是在生产实践活动中形成的精神财富，将劳模精神融入体育教学之中，在体育锻炼中学习与弘扬劳模精神，激发爱国情怀和集体荣誉感，培养学生积极向上、奋勇争先的拼搏态度。④以"劳"育美，提升生命意义。美育注重陶冶学生情操，培育学生发现美、体味美、追求美的品位，塑造美好心灵，体味人文意蕴。学生在体味劳模精神的过程中，发现美、感知美、理解美、追求美，最终创造美，提高学生的审美能力，增进学生人格发展。⑤以"劳"促劳，建构实践自觉。劳动模范是劳动群众的杰出代表，他们依靠辛勤劳动、诚实劳动、创造性劳动获得殊荣，他们每个人背后都有爱岗敬业、艰苦奋斗、勇于创新、甘于奉献的平凡而又伟大的故事，用劳动模范的先进事迹感染学生，帮助学生理解劳动的意义及劳动模范的伟大之处。

（3）劳动模范精神引领价值的伦理意蕴。

第一，劳动模范精神引领价值中的"个人"与"集体"。个体是组成集体的细胞，集体的发展离不开每一个个体，集体是个体成长的园地，个体的学习和生活离不开集体。劳动模范是先进的个人，他们讲集体主义精神，为集体的发展贡献了重要的个人力量。集体互助大大提高了生产效率，发挥了一加一大于二的效能。

第二，劳动模范精神引领价值是在为人民服务中凝聚的。为人民服务是我党的根本宗旨，劳动模范作为社会中的先进分子，要时刻牢记为人民服务的方针。服务人民、奉献社会是一种高尚的精神追求，劳动模范精神引领价值是在为人民服务中凝聚的。

3. 劳动模范精神引领价值的生成与作用机制

劳动模范作为榜样对普通群众的思想及行为有着示范作用，厘清劳动模范精神引领背后的作用机制，可以更好地进行精神引领，实现价值转化。劳动模范精神引领作用机制是从认知开始的，首先要引导大众对劳动模范背后的精神有一个总体的认知，在认知之后，人们才会产生更深刻的理解，形成情感认同，从内心接受和认可劳动模范、劳模精神，然后把对于劳模精神的认可转化为自身的信念，达到内化于心的效果，最后在实践活动中，通过行为表现出来，达到外化于行的效果，这是一个完整的从"内化"到"转化"再到"外化"的过程。

（1）"认知触发"机制。认知是指人们获得知识、应用知识或信息加工的过程，是人的最基本的心理过程，它包括感觉、知觉、记忆、思维、想象和语言等。认知是人的思想品德形成的起点，人们接收外界的信息，通过大脑转化为内在的心理活动。人的思想品德形成是从认知开始的，进行劳动模范的精神引领也要重视认知的作用。

人们对劳动模范形象的认知起始于对劳动模范形象的接触或对劳动模范故事的倾听。例如王进喜的事迹让我们对劳动模范的形象和品质特征有了一个认知与了解，当我们了解到王进喜跨过障碍来到大庆，他工作时奋战三天三夜的场景，喊出令人奋进的口号，以及止住井喷的场景，便会在我们的脑海中形成一个形象认知，触发我们的认识机制，从而使我们想要进行更深层次的了解劳动模范的精神品质。

（2）"价值认同"机制。价值认同是人们对社会中某类价值的存在是否认可，如果认可一种价值，人们会对该价值进行追求，对自己的社会实践活动形成一种定位，去决定自己是否对某些理想、信念进行追求。人们形成对某一事物或精神的价值认同后，便会形成相对稳定的价值观，社会成员对价值规范会采取自觉接受、自愿遵循或者服从的态度。

在对一事物有了认知的基础上，人们会产生一种情感态度，这种情感在认识转化为行为的过程中，起到催化作用。情感是伴随人们的品德认识而产生发展的，对人的行为起着重要的调节作用。人们在了解到劳动模范的故事时，被他们爱岗敬业和无私奉献的精神所打动，产生心理冲击和情感变化。在情感形成之后，我们怀着对劳动模范的崇敬和认可，会形成一种想要去学习、模仿的品德意志，产生一种坚持去实践、去履行的想法。经过对劳动模范从"认知"到"情感肯定"，再到形成"意志"和"信念"，完成了内化于心的过程，人们对劳动模范的精神已经入脑入心。

(3) "实践转化"机制。通过对劳动模范从"认知"到"情感肯定"再到形成"意志"和"信念"，整个劳动模范精神引领内化的过程已经完成，从内化于心到外化于行的转化，是一个螺旋式上升的运动过程。内化是目的、内容，外化是手段、形式，内化通过外化表现出来。没有外化，内化毫无价值；没有内化，外化无从谈起。

行为是人们在认识、情感、意志和信念的支配下，在实践活动中做出的行动，是一个人思想品德外在的反映。我们在听到劳动模范的故事时，在脑海中提取他身上所具备的优良品质，我们对这种美好的品质是有一种好恶倾向的，这种正向的、积极的美好品质，大多数人都会选择"喜欢"，去进行模仿、学习，信念是从认知到行为转化过程中最关键的一步。劳动模范的精神引领从内化到外化，起点理应是价值认同，只有从根本上对劳动模范的精神品质认同，才能形成后期的转化。

(二) 劳动模范精神引领价值的实现路径

中国人民用勤劳和智慧书写了辉煌的历史，造就了独特的中国精神，中国精神是以爱国主义为核心的民族精神和以改革创新为核心的时代精神，每个中国人作为时代的奋进者，都应该努力弘扬中国精神。劳模精神是中国精神的生动体现，弘扬中国精神，有利于深化劳动模范的精神引领作用，更好地促进中国精神深入人心。

1. 宣传引导：形成社会认同与精神文化氛围

劳动模范是民族的精英，人民的楷模，是共和国的功臣。劳动模范的优秀精神品质应该在全社会广泛传播与弘扬，是劳动创造了我们的幸福生活，使我们的物质世界更加富足，精神世界更加精彩。在全社会形成崇尚劳动，尊重劳动者的风尚十分重要。劳动模范良好的精神品质需要通过媒介广泛传播，形成宏大的空间叙事，焕发具有凝聚力的集体记忆，在大众中进行宣传，引导人民群众形成正确的劳动价值观念。

（1）媒介传播。大众传媒是时代发展的产物，许多信息可以通过大众传媒传递，超越时间与空间的限制，具有较强的舆论引导作用，在短时间内有效传播社会现象和大家关心的问题。正是因为大众传媒具有公共性、大众性的特征，我们在弘扬劳模精神过程中，应合理运用大众传媒的传递功能，做到对劳动精神、劳模精神的正向传播，引导大众积极地学习劳动模范的优良品质，发挥新媒体的正向引导作用，同时不忘发挥传统媒体真实、严谨、客观、公正的优势。

第一，发挥主流媒体的宣传效应。主流媒体在意识形态传播中占据主要地位，应该加大对劳动模范的宣传，加强劳模精神的广泛弘扬，起到更加广泛的宣传作用。

第二，强化自媒体的宣传力度。在网络时代，人人都是自媒体，利用各大网络平台讲好劳动模范的故事，突出他们优秀的精神品质。

第三，重视传统媒体的传播。传统媒体拥有专业化的新闻队伍、丰富的采访经验、良好的职业道德、可信赖的信息源等，具有突出的优势，报道的内容更加真实、客观。

（2）空间叙事。空间叙事是借助或运用空间来进行叙事，在具体的空间里，通过物品的摆放与装饰，建筑的功能等呈现人们想表达的情感和意境。通过空间叙事，向社会传递劳模事迹，劳模精神，是一种潜移默化、润物无声的良好方式。为加强红色工运资源的保护挖掘和宣传利用，团结引导广大职工群众更好地传承红色基因，学习劳模精神、劳动精神、工匠精神，引领广大职工群众继承光荣传统，延续红色血脉，为实现中华民族伟大复兴做出更大的贡献。

（3）集体记忆。随着科学技术的发展，视觉文化的传播越来越广泛，深入我们的日常生活中，绘画、图片、电影等视觉传播方式，把传播对象更加直观地摆在我们面前，以便于我们获得深刻的认识。多年来，劳模们一直在岗位上兢兢业业，创造了一个又一个的辉煌，而他们的榜样力量和引领作用也成为宝贵的育人素材，指引我们前进。

劳模和劳模精神应该成为社会主义文艺创作的素材。文艺创作者应该多关注劳模的工作和生活，关注劳模为国家建设所作出的贡献，向广大群众宣传劳动模范，调动大众学习劳动模范的积极性。劳模发展历史中有太多值得纪念的瞬间，有太多值得追崇的人物，通过视觉传播的方式，把他们的光荣事迹展示给大众，让人们记住他们、学习他们，唤起集体记忆，增强集体记忆，形成崇尚劳动、热爱劳动、辛勤劳动、诚实劳动的社会风气，只有全社会形成一种良好的劳动氛围，群众的劳动积极性持续提升，我们国家建设的步伐才能行稳致远。

2. 教育融入：劳模与劳动教育的强化

教育一直以来都是党和国家重点关注的内容。教师不仅要教书，更要发挥育人的作用，培养学生健全的人格，教导学生树立正确的价值观念，对社会发展和国家建设作出自己的贡献，把立德树人作为根本任务。劳动教育是立德树人不可或缺的一部分，不进行劳动，整个人类社会就无法运转，在学校教育中积极培育学生热爱劳动、尊重劳动者的观念，并且外化于他们的日常行为中，精进劳动技能，为社会主义现代化建设添砖加瓦。

（1）劳动认知。劳动教育是我国教育制度中重要的内容，也是学生实现德、智、体、美、劳全面发展的必要途径。劳动教育进课堂，有利于增强学生对"劳动"的认知，还可以增加教学实践，成为新时代劳动教育体系的重要一环。

劳动教育因"时"而进，教师应根据不同学龄学生的认知特点和接受能力，制定各个学段的教学目标和教学内容。小学阶段应对学生进行劳动启蒙教育，运用通俗易懂的劳动故事进行切入，教师用通俗易懂的语言讲解劳模故事，从小培育学生对劳动模范的情感认同，增加对劳动的认识；中学阶段应注重劳动价值观的培育，将劳模的光荣先进事迹纳入课堂，运用榜样的力量激励学生深刻认识劳动对自身、社会和国家的价值；大学阶段应注重学生在劳动过程中劳动品质的培养，坚持马克思主义劳动观，树立正确的择业观，正确看待劳动的价值，积极发挥主观能动性，增强创新意识和奋斗意识。

在学校进行劳动教育的过程中，教师要注重学生劳动情感的培育和劳动实践的养成，帮助他们树立正确的劳动观念，将劳动信念内化于心、外化于行，教师也应提高自身的综合素质与教学能力，确保劳动教育课程更好地进行。

（2）劳动技能。劳动理论和知识的学习，以及劳动情感的培育和深化，要在劳动实践中不断地进行，同时，在劳动实践中，能够潜移默化、循序渐进地巩固劳动理论，加深劳动情感，达到双向互动的理想效果。学校应积极把劳动教育纳入培育学生全面发展的范畴中，既要培育情感，更要广泛开展劳动实践活动，在实践中检验真理，深刻地感受劳模精神的力量，感受劳动所带来的魅力。

对于大学生，应重点培育其劳动道德，提高其劳动技能，充分发扬劳动精神，在劳动中争创一流，勇于创新，努力提高劳动技能，向劳模学习，长期聘请劳模到校为学生提供德育、技能和就业方面的指导，讲述劳模艰苦奋斗、勇于创新的先进事迹，帮助学生在与劳模的互动中树立正确的劳动道德观念，提升劳动技能，成为社会主义建设的合格劳动者。

（3）劳动精神。学校是立德树人的重要场所，肩负着培养接班人的重要任务，学校教育事关国家的发展和民族的未来，培育学生的正确观念是学校教育的一项基础性工程，在劳动教育开展的当下，培育正确的劳动价值观，弘扬劳模精神和劳动精神十分重要且必要。教师应该帮助学生树立体力劳动和脑力劳动平等的观念，帮助学生树立正确的劳动观念，他们才能在选择职业时，做出更加正确和理性的选择，为社会做出贡献。

3. 日常熏陶：家庭劳动与榜样教化

家庭是人的第一所学校，它在人的思想品德形成过程中起着基础性的作用，每个人出生以后，时时刻刻受到家庭氛围的熏陶和感染，家长的言行举止对学生世界观、人生观、价值观的形成产生潜移默化的影响，在家庭教育过程中，家长应注意家庭的文化塑造与榜样教化，努力打造良好的家庭文化氛围，注重良好家风的传承与发扬，良好的家庭环境和家庭教育对青少年品格的形成和责任感的养成至关重要，家庭教育对人的影响是普遍且长久的，对学生的成长及以后在社会生活中发展更是影响深远。

（1）营造良好的劳动文化氛围。家庭是一个人成长的摇篮，是人生最初的学校。我们每个人都受到家庭的影响，家庭成员、经济条件、家庭教育等都对我们的生活产生微妙的影响。我们在家庭里获取的知识、情感和价值观，对个体的影响深远持久，是个体接受的最早的教育，进行劳动教育、了解劳动模范、学习劳模精神，可以从家庭教育开始，让学生从小在家庭中接受劳动教育，倾听劳模故事，学习和体味劳模精神，家长应以身作则，帮助学生树立正确的劳动理念，培育良好的劳动品质。

第一，家长应发挥榜样作用，树立良好的家风。家风，是一个家庭的风气，是家庭教育的核心内容，它与家庭和谐、社会发展、国家繁荣密切相关，家庭成员的素质水平、道德修养体现一个家庭的家风，良好的家风是通过父母树立榜样，身体力行，为学生带来积极影响，家长应运用祖辈留下的优秀家风家训，传承其优良的精神品质，树立正确的劳动观念，营造良好的家庭劳动文化氛围。

第二，家庭教育应注重劳动理念和劳动习惯的培养。父母应该注重对学生劳动理念的引导，灌输正确的劳动理念，教育学生通过劳动实现自己的人生价值，积极传承和弘扬劳模精神。把劳动当作生活中必不可少的事情去做，在实践中感受劳动的价值，体味劳模精神，促使其德、智、体、美、劳全面发展。

（2）明确家长的劳动教育责任。我国强调培养德、智、体、美、劳全面发展的人，家长是家庭教育的主要承担者，对学生的观念养成和行为习惯影响重大，家长必须树立正确的劳动观，承担家庭教育的责任。

第一，家长应该培养学生的劳动意识。以学生为中心，不能用生硬的方法去"要求"学生做，而是抓住合适的时机去引导他们。

第二，家长作为家庭内劳动教育的核心，要树立正确的劳动观念，给学生作出榜样示范。

第三，父母也应同学生一起学习劳动理论知识，阅读关于劳动教育的书籍，有利于对劳动实践活动提供正确的理论指导，家长也要注重与学校劳动教育的协同作用，了解学校劳动教育开展进程，与教师多做沟通、交流，反馈家庭教育成果，与学校和社会的劳动教育形成合力，更好地促进学生的全面发展。

（3）宣传与学习劳动模范家庭。在家庭教育中，家长的一言一行都会潜移默化地影响学生，学生会学习父母的态度及观念去进行交际，处理事情，家庭环境对人的影响是潜移默化、深远持久的，具有基础性、持久性的作用。在家庭教育中，父母向积极的方向努力，对教育学生是至关重要的。在劳动教育及学习劳模精神的过程中，父母作为家庭教育的基础力量，应该在劳动方面积极表现，热爱劳动，爱岗敬业，学习劳模的先进事迹及仔细品味劳模精神，向劳动模范看齐，争做劳动模范，只有父母将积极劳动和劳模精神内化于心、外化于行，才能更好地教育学生。

在许多朴素的工人家庭中，培养出了很多艰苦奋斗，工作在工厂一线的普通劳动者，他们其中有很多人成为劳动模范，勇于创新、争创一流，在工作中研究了很多实用且省时省力的发明，为工厂增加了很大的收益。很多工人家庭的"老工人"在用自己艰苦朴实的精神感染、教育着自己的孩子，激励他们进步，在工作岗位认真踏实、任劳任怨。

二、新时代劳模精神的弘扬机制

（一）新时代劳模精神的内容与特征

1. 新时代劳模精神的内容

（1）爱岗敬业、争创一流。劳动是人的基本活动，爱岗敬业、争创一流精神是劳动的根本指标。爱岗敬业、争创一流是劳模精神的最根本特征，不仅体现在职业操守的追求，也是劳动模范的前进目标。爱岗和敬业是相互包容、相辅相成、相互联系的关系，爱岗是敬业的必要前提，只有对自己的岗位保持高度的热爱才能做到敬业；敬业是爱岗的最终结果，是对职业态度与责任的进一步升华与肯定。

爱岗敬业、争创一流要有高度的责任感。当今社会，责任感不是简单地做好分内之事，而是在自己岗位上做好本职工作的基础上进一步精益求精，这是每个公民最基本的能力和素养。

（2）艰苦奋斗、勇于创新。艰苦奋斗既是中华民族崇尚的传统美德，也是劳模身上所特有的优秀品质。艰苦奋斗的劳模精神具有时代性，它是促进社会前进的不竭精神指引。

创新就是打破常规，突破边边角角，打破旧东西，敢于尝试，不走寻常路，接受新东西，创新性地提出新观点、新思路、新方法，解决问题，取得新成绩。创新是一个国家和民族兴旺发达的源泉和不竭动力，它不仅能够培养高素质人才，占领科技高地，还是驱动社会发展和进步的引擎。

（3）淡泊名利、甘于奉献。淡泊名利是对名声和利益的态度和看法，也是一个人对待名利的价值取向和精神境界的表达，和甘于奉献一起构成了劳模精神的精神追求，体现着广大劳动模范的价值取向，代表了劳动模范向往的精神境界。伟大事业需要伟大精神，正是这些无私奉献的劳动模范用实干苦干、默默无闻、甘于奉献、脚踏实地、淡泊名利的新时代劳模精神和行动投身于伟大事业中，为满足人民美好生活需要不懈奋斗。

2. 新时代劳模精神的特征

劳动是马克思主义理论的核心内容，共产党人始终以马克思主义为指导思想，热爱劳动，争做劳模，不断学习劳模事迹，弘扬劳模精神。当今劳模精神的具有鲜明特点，主要体现在以下三个方面：

（1）时代性。任何思想理论都是时代的产物，被时代赋予特殊的元素和内涵，具有鲜明的历史特征，在特定的历史条件下产生的劳模精神同样具有鲜明的时代性，展示出一个民族的思想与面貌。劳模精神之所以具有时代性，原因在于：一方面，劳模精神的产生是党和人民在长时间与敌人斗争的背景中，在民主革命奋斗的过程中产生和发展的，有着坚实的理论指导和深厚的实践基础；另一方面，与时俱进的劳模精神在社会发展过程中被赋予不同的时代元素。

劳模精神是一种推陈出新的文化形态，中国劳模勇于创新、不断探索、开拓创新、艰苦奋斗、淡泊名利、持之以恒的精神品格，不断迈向自适应"知识型、技能型、创新型"的方向，持续为时代精神注入鲜活资源，不断完善时代精神的科学内涵。

（2）政治性。劳模精神的政治性，体现在国家对劳模精神的塑造上。政治性是一个国家的政党展开的各种社会性活动，以此来实现某种政治追求的属性。当前，各个方面、各个领域取得重大历史成效，在这些成绩的基础上继续乘风破浪、奋勇向前，培养一批吃苦耐劳、踏实肯干、开拓创新的劳动大军。劳动模范应该具有社会主义建设过程中重点建设方面的能力和标准，拥有扎实的理论知识功底，正确的大局意识，先进的科学技术水平和创新精神。

（3）实践性。劳模精神是以广大劳模的生产与生活实践为基础的思想价值观。劳模精神不单单是思想意识方面的话题，更应是实践领域的价值遵循。劳模精神也深受各个历史时期实践活动的影响，这不仅统筹了理论与实践的统一，还兼顾了历史性与现实性的融合。一方面，党在领导勤劳朴实的中国人民实践过程中，发展马克思劳动观的合理内核，概括了不同历史时期的劳动实践经验。另一方面，劳模精神以各个历史时期的伟大实践为文化本色，是劳模精神发展壮大的现实底色。

另外，广大劳模群体的实践活动是新时代劳模精神的动力源泉。当今劳模精神展现的是新时代的整体风貌，在中国特色社会主义伟大实践中，不论何时何地，各行各业都能看到辛勤劳动的身影，他们在某一领域取得辉煌成绩的同时，默默地挥洒着不懈奋斗的汗水，从这方面而言，实践活动是劳模精神保持活性的源头活水。

（二）新时代弘扬劳模精神的路径思考

1. 提高全社会对劳模精神的认识

目前，仍然有很多人对弘扬劳模精神的重要性和必要性认识不清，新时代，我们必须采取有效的措施，探索新时代弘扬劳模精神的路径，提高全社会对劳模精神的认识。

首先，以"力行养成"，纠正日常生活劳动场域的价值认识偏颇。当代大学生长期处在"过度代劳"的生活之中，应完成其本应在成年前建立起的基本劳动认知、劳动习惯与生活必备的劳动技能，主要包括：①发挥主体作用，打通培育劳动价值观的关键节点。②强化生活劳动场域对大学生劳动价值观培育的刚性规约。③构建课程矩阵，激发大学生参与日常生活劳动的发展性需求。

其次，以"学用融合"，充实生产劳动场域的价值内涵。实践出真知，劳动长才干。鼓励大学生积极参与生产劳动，主要包括：①坚持教育活动服务于生产劳动，降低传统劳动观念中的消极因素。②坚持生产劳动反哺教育活动，减少劳动价值"差序认知"。③以"长效共赢"增进服务性劳动场域的利他价值体认，因此，加强大学生劳动价值观培育应坚持培育大学生进行思想的统一、认识的提高，通过社会的支撑，引导学生参加服务性劳动成为主流，为学生整合社会和高校多方资源，搭建强有力的平台。④以"孵化发展"营造创新创业劳动场域的良好生态，在这之前，通过调整观念，削弱流行性青年亚文化对大学生创新创业劳动的消极影响，同时，重塑学生的创新思维和创新意识，构建体系来实现国家政策与现实境况的有效对接。实现人力资源优势向经济效益转化，实现知识价值与知识认知的统一、个人价值与时代价值的统一，进而帮助大学生在实际生产生活中完成自我构建。

2. 构建弘扬劳模精神的宣传体系

新时代弘扬劳模精神并使其得到社会大众广泛认可接受，加强媒体宣传是必不可少的渠道之一，具体表现为充分利用媒体宣传劳模精神，合理规划路径、坚持以正面宣传为主的方针，聚焦现实事例、创新传播载体，革新宣传观念以此营造弘扬劳模精神的良好舆情氛围。

（1）始终坚持正面宣传为主。在宣传弘扬劳模精神时，新闻媒体应当多维度挖掘正向内容，积极报道先锋模范，塑造先进典型人物，为新时代弘扬劳模精神营造良好的舆论氛围。

首先，深入研读"团结稳定鼓励，正面宣传为主"的方针，明确把握宣传方向，打造良好舆情氛围。

其次，大力加强宣传队伍建设，打造一支业务能力强、政治素质高的思想宣传工作队伍。建设高素质的人才队伍，既是确保宣传思想文化工作沿着正确方向发展的重要前提，也是增强思想宣传工作的凝聚力和战斗力的根基所在。

（2）实现新旧媒体融合对接。随着"互联网+"时代的到来和信息技术的不断发展，大众的信息获取方式发生明显改变。网络新媒体在传播上优势显著：①信息覆盖范围和推广渠道更广，除各大媒体平台的官网官微外，还有诸如微博、抖音、视频网站、问答平台、各类软件、小程序。②信息传播的针对性更强、速度更快，网络新媒体运用自身强大的算法功能，在极其短暂的时间内将信息有针对性地投送给目标受众。③信息表现形式与组合更丰富，图文视频的传播矩阵引发读者共情。④信息反馈与双向沟通更及时有效，网络新媒体可利用后台评论与目标群体进行实时互动，迅速得到反馈并做出调整，不仅于受众而言体验尚佳，于媒体而言则更有利于讲好劳模故事并做好舆情监控。

（3）坚持以人民为中心的导向。宣传工作中秉持新思维、新理念是新时代弘扬劳模精神的关键，舆论宣传工作作为我党治国安邦的重要大事，新闻宣传工作要坚持以人民为中心。因此在进行劳模精神宣传时，可以从以下方面着手：

首先，新闻媒体要坚持以人民为中心，深入基层一线，推出一批有深度、有温度、有厚度，多报道人民身边的模范。

其次，革新宣传观念，克服宣传报道脱离生活、不接地气的问题，坚持用小切口讲大道理，在潜移默化中把劳模精神外化于行变成广大群众的自觉。

最后，要求在进行劳模精神的宣传时，要坚持新闻的准确性原则，确保劳模宣传的准确性和透明度，不能为了追求传播效果而刻意夸大劳模形象，使得劳模形象脱离生活实际，这样对于劳模精神的传播不仅不能起到宣传作用，还会使人们和劳模之间产生距离感，对于劳模无法真正感同身受，甚至对劳模形象存疑。

新闻媒体在进行劳模精神的宣传时要坚持以民为本、以人为本的工作导向，宣传报道人民群众在建设幸福家园中的接续奋斗和火热生活，确保劳模事迹宣传得准确、真实、合理，发挥劳模精神的感召作用。

三、新时代劳模精神的培育路径

劳模精神引领我国社会事业不断前进和发展，进入新时代，根据新问题、新挑战，怎样将劳模精神继续指导人民群众继续保持高涨的心情，是当下迫切需要解决的重大课题，要实现这个系统工程，需要从加强教育改革、创新媒体宣传、健全劳模管理等不同角度出发，各个主体多措并举，形成合力，从现实情况出发，走出一条培育劳模精神的实际路径。

（一）深化劳模精神教育的系统化改革

传承和弘扬劳模精神首先要充分分析与学习它的精神内涵，教育在这方面有着举足轻重的作用，所以我们运用不同的教育方式和手段，创新劳模精神的教育体系，学习、宣传劳模精神，从家庭、学校和社会三方面入手，形成系统的劳模精神教育体系，将其深深融入人民群众的日常生活中。

1. 重视家庭教育

家庭是社会的基本单位，也是教育人才的重要场所；家庭是社会细胞，也是人生最先进入的学校。无论这个时代如何变幻莫测、出乎意料，每个人出生后首先受到家庭环境、家庭成员等潜移默化的浸润和感染，可以在家庭接受学习，养成良好的习惯，家庭依然是人们受教育的第一个场所，家庭成员是我们人生的第一个教师。从家庭教育开始，让学生倾听劳模事迹，耳濡目染地培育学生热爱劳动的良好习惯，打好弘扬劳模精神的基础。

（1）引导学生树立劳动的观念。思想意识具有计划性，学生的思想意识的好与坏一定程度上决定他们的人生轨迹，因此从小引导学生树立正确的思想弥足珍贵。在思想意识层面，要系好人生的第一粒扣子，养成劳动光荣、劳动自豪的良好习惯。在学生的日常学习中、家庭饭桌上和娱乐玩耍等点滴小事中，运用和颜悦色、教育口吻等方式潜移默化地帮助学生树立坚定理想、劳动光荣、服务他人的思想观念，进而让学生充分意识到要时刻树立奉献思维，人生是短暂的，而服务和奉献是无限的，用自己的实际劳动去服务真正有需要的人，不仅可以得到最崇高的鼓励，还能享受人生境界的升华，进而实现人生价值，书写非凡人生。

（2）传承尊重劳动的良好家风。家风是一个家庭风气和风格的显著标志，也是传承优秀传统文明的重要媒介，良好的家风能够潜移默化地影响后代。父母是学生的第一个人生导师，他们的认知能力和水平或多或少地影响和改变着学生的三观，所以树立尊重的理念必须以传承良好的家风为出发点。

第一，鼓励学生积极参加劳动，学习劳动，在日常生活中，重视学生的动手实践能力，比如打扫家庭卫生、参加养老院服务等，鼓舞学生领会劳动的价值、学习劳动的意义，养成劳动的良好品格。

第二，树立榜样的力量。一方面，家长在实际劳动中以身作则、身体力行、为人师表，争做劳动模范，传承劳模精神的标兵；另一方面，注重加强家庭成员之间的平常交流，茶余饭后、娱乐休息中给学生讲述激动人心的劳模日常和劳模事迹，激励学生树立劳动的思想意识，让劳动的种子在学生心中生根发芽，然后认真倾听学生心声，解决他们心中的困惑。

2. 关注学校教育

学校是培养人才的重要场所，也是学生接受教育的主阵地，浓郁的学习氛围和严谨的校园风气让广大学生在这里求知、求教和增强扎实本领。同样，学校也是宣传劳模事迹，传承劳模精神的"主战场"，一批批学生不仅思维敏捷、头脑活泼，也能学习和接受新鲜事物，还能更及时地把劳模精神内化于心、外化于行，更好地传播正能量。

（1）在校园日常中融合劳模精神。校园文化是学校特有的文化体系和精神支撑，它能充实学生的知识技能，磨炼学生心智，升华学生的思想境界，加快建设校园文化不能急功近利、急于求成，要因地制宜、与时俱进，适当地融入劳模精神的元素。我们可以举办劳模精神教育主题班会，规划传承劳模精神平台，开展弘扬劳模精神活动等方式，让学生在润物无声、不知不觉、潜移默化中接受劳模精神的感染。校园活动也是对学生推广劳模精神教育的有效途径，学校通过举办歌唱比赛、征文大赛、诗文演讲、文艺节目等途径传承劳模精神，让学生在积极参与、准备时，运用他们的创造和理解，深入学习和贯彻劳模精神的内在要求，这些活动将索然无味的抽象理论变得生动活泼、五彩缤纷，最大限度地吸引学生的注意力和关注点，对传承劳模精神达到意想不到的效果。

（2）把劳模精神引入教学中。学校是引导学生不断学习进步的主阵地，教师是学校教育的中坚力量，他们向学生传递文化知识，不仅对于学生做人做事起着关键作用，还影响着弘扬劳模精神的效果和效率。所以学校学生要学习和理解劳模精神，学校教师也要学习和弘扬劳模精神，教师身上体现的脚踏实地、孜孜不倦、一丝不苟、兢兢业业的思想品质与劳模精神大同小异。劳模精神是教师不断进步的动力，可以拓宽教师的教学视野，创新知识结构，更新知识框架，为社会主义事业不懈奋斗。

3. 加强社会教育

劳模精神的培育和弘扬，需要不断更新落后腐朽的劳动思想，树立新时期的劳动观。

随着时代发展进步，面对复杂多样的国内外环境，弘扬和传承劳模精神不仅需要家庭和学校教育，还需要社会教育的配合，继续对人们进行劳模精神培育的一个补充过程，它是社会上影响较大的教育机构对人民群众开展的教育活动，运用多种教育形式、手段和内容，提高人们的思想认知，丰富人民的知识需求。利用社会教育弘扬劳模精神能够弥补学校和家庭存在的不足，它是学校和家庭教育的辅助与补充，有利于搭建劳模精神教育大讲堂，形成一种学习和弘扬劳模精神的良好社会风气。

（二）健全劳模精神管理的长效机制

1. 健全维护劳动者合法权益机制

人民群众的精神追求寓于物质基础之上，这也是人民群众践行劳模精神的前提，但是也伴随劳动条件差、报酬低、保障难、幸福感低等问题，这些问题的背后暴露出当前政策不完善。这需要不断建立和完善体制机制来保障劳动者合法权益，让广大劳动者受到尊重与保护。

（1）贯彻合理的就业政策。就业是关乎百姓最根本的民生话题，把这个问题处理好关乎人民群众的生存和发展，也是当社会最渴望解决的热点话题，只有拥有一份体面的工作才能享有高质量生活，进而达到精神层面的富足。然而，随着国内主要矛盾的转变，城乡经济发展差距较大，就业人口众多等严峻形势不利于充分、积极就业。因此，党和政府从实际情况出发，践行人民至上的理念，采取稳健的就业政策，确保经济实现持续性发展，给全国人民提供充足的就业岗位，解决他们的日常生活和后顾之忧；提供政策和资金支持，鼓励大众创业，服务人民就业；开展职业技能培训，提高劳动者技能，提升劳动者素质等。

（2）建立合理的收入分配机制，保障收入分配公平。改善民生，提升人民幸福指数需要构建公正合理的收入分配机制。然而，由于我国当前生产力发展水平没有达到预期、产业垄断、城乡发展差距大等诸多不利因素，导致劳动者的收入仍然处于不合理的区间，不仅挫伤了劳动者积极性和创造性，还不利于社会的稳定和发展。当下，我们最紧迫的目标是构建科学的分配机制，提高最低工资标准，提高劳动收入在初次分配和再分配中的比重，运用第三次分配等多种方式提高劳动报酬。

2. 健全公共文化的服务机制

公共文化服务是多个主体共同参与的，为满足公民基本公共文化需求，向公民提供基本文化服务的总称。建立与完善公共文化服务是弘扬和传承劳模精神的有效途径，因此我们建立和完善公共文化服务机制，为弘扬和培育劳模精神奠定坚实的文化基础。

（1）建立以资金为支撑的文化投入机制。运用国家公共财政和社会募捐等多种手段，加大对公共文化体系的投入，为保证公共文化的正常运转提供充足的资金支撑。另外，要运用经济政策、法律手段和行政途径等多种措施促进各种社会资源向文化领域及时流动，健全文化服务基础设施，提高文化服务的考核标准。

（2）深化以"两文化"为核心的文化体制改革。当前经济发展的不平衡导致文化发展的不合理，所以，重视文化资源均衡分配，不要"一条腿"走路，合理加大文化资源向农村地区倾斜的力度，推动城乡公共文化服务均衡发展。发展文化产业，要因地制宜，实事求是，从人民的不同需求出发，不断丰富文化产品种类，发展适合不同群体的文化需求，同时，提高文化产业质量，拓展文化作品的深度，扩大文化产业总量，培育符合时代潮流的文化产业。

第三节 大学生工匠精神教育

一、工匠精神培育及其价值意蕴

（一）工匠精神的特质分析

"工匠"是工匠精神产生的本源和主体。广义的工匠精神不再是特指凝结在制造业劳动者身上的态度和品质，而是指所有社会成员在生产生活中不断追求完美的一种价值观念。

1. 中华传统文化视域下工匠精神的特质

在中华优秀传统文化视域下，中国作为最早产生工匠群体的东方国家，有着悠久的工匠文化，形成了独具特色的工匠精神，主要表现为以下三条特质：

（1）尊师重道的求学精神。在有国家这个概念以前，工匠主要是以氏族或家族为单位进行世袭的工人群体，因此中国古代工匠的技术是天然地通过家族传承或师徒传承来进行延续的。同时，由于我国古代人民崇尚学徒制，师徒传承更是成为最为普遍的传承方式。学徒在进入师门后，老师不仅会传授其技艺上的知识，更为重要的是在求学的过程中言传身教，教给学徒为人处世的道理。

（2）德艺兼修的道德信仰。工匠精神一直深受中华文化的浸染，形成了具有中华文化特色的工匠精神，较好地化解了其中工具理性的偏狭。自古以来，崇尚"以德为先"就是我国工匠们所遵循的价值准则,"德艺兼修"则是他们所追求的道德信仰。对于工匠来说,高素质的"高"不仅体现在他们有着过硬的技术本领,更为重要的是,他们能够在不断提升技艺的道路上,依然将道德品质放在首位。如果一个人只有技术而没有道德,即使拥有过人的天赋和高超的技术也难以支撑其在职业生涯上走得太远。

(3) 道技合一的人生态度。"道"是一种活的精神,实践则是真正追求"道"的唯一途径。对于历史上那些被称为"圣人"的工匠而言,追求的不仅是高超的技艺,而是希望通过这种方式来领悟真正的"道",从而实现人生的价值超越。因此,"练技"和"修心"是同一过程的两个方面,工匠们日复一日通过"练技"来打磨技术的过程,也是其发挥主观能动性,不断提升修养、修炼内心的过程。

2. 新时代工匠精神的内涵与特质体现

新的时代特征赋予了工匠精神新的时代内涵。工匠精神体现了劳动者,特别是普通劳动者的价值,是一种对劳动的理念认知、行为践行的集中表现,具体有以下四个方面:

(1) 执着专注。执着专注是一种全神贯注的精神状态,体现了从业者对自身工作的热爱以及高度的责任感。几千年来,中华民族都始终勤勤恳恳地追寻自己的远大抱负,更是人们为了生存发展所表现出来的奋斗不止、奋发笃行的精神,这就是执着专注精神的原始体现。这种信念追求,对中国工匠有着极其特别的意义。一个人只有始终做到专心于工作,不放过任何一个微小细节,在遇到困难的时候依然可以保持着"一生只为一事来"的信念,这样才会收获不错的结果。在实践中百折不挠,不断攻坚克难,才能突破一个又一个阻碍,最终实现中国特色社会主义现代化的远景目标。

(2) 精益求精。精益求精是一种品质追求,强调了质量上的完美和技术上的极致。自古以来,精益求精就是工匠身上最重要的精神品质,也是历代工匠们一以贯之的工作作风。工匠们在实践过程中,出于对高超技艺的极致追求和对完美品质的渴求,才能对工作中的每一个环节、每一个方面、每一个步骤都做到在"好"的基础上追求"更好"。倘若一个人拥有了高超精湛的技艺,但是对任何工作都抱着随便敷衍、差不多就行的态度,那么也不能认为他具备工匠精神。无论是古代还是现在,对一个真正优秀的工匠来说,达到要求、完成任务只是最基本的底线,全力以赴、做到极致才是最终的目标。

(3) 一丝不苟。一丝不苟是工匠们在面对职业道路上的困难时对自我的一种要求,强调了工作细节上的坚守和工作态度上的严谨。从事制造业的工人们在工作中经常会遇到极其精细的作业活动,而这些活动通常又无法通过机器来代替,基于这种现实情况,工人们必须着眼于细节,依靠自己的双手来完成作业任务,并尽最大的可能去减少成品与设计要求之间的误差。同时,现实情况也要求工匠们在每一次的实践中都始终保持以敬畏之心对待每个细节。格外强调"第一次",是因为人们为了避免产生麻烦、顺利开展实践活动,通常都会在第一次执行某项实践活动时以小心谨慎、一丝不苟的态度地去对待,保持注意力的高度集中。只有那些始终保持高度耐心、一丝不苟地对待每一项工作的人,才能被称为具备工匠精神的职业化人才。

(4) 追求卓越。追求卓越是一种理想信念,体现了工匠们理想上的远大和目标上的高远。工匠制作产品时的立足点和着力点应该放在追求作品自身的完美上。追求卓越也暗含着创新创造。在工匠们实践的过程中,总是会将自己的"精神"融入其中,使自己的劳动过程变成一种创造性的活动。回顾人类发展进程,是无数人的辛勤劳动和立异革新造就了社会的不断发展与科学的巨大进步。作为工匠精神的伟大使命和价值追求,创新创造也是每一个现代劳动者都必须具备的素质。随着时代的变迁,科学技术在国家发展、社会进步、人民幸福中发挥着前所未有的重要作用,作为工匠所追求的最高境界,创新是他们终其一生所要实现的远大理想。

(二) 大学生工匠精神培育特性

大学生工匠精神培育的关键所在是"培育"。通过培养教育使大学生具备并践行工匠精神是一个倾向于目标的概念,需要社会宣传引领、高校文化渲染、家庭氛围熏陶和个人主观努力来形成多方合力。根据政策及概念界定的范式,本文认为大学生工匠精神培育就是以贯彻落实立德树人的根本要求为目的,培养德、智、体、美、劳全面发展的新时代青年。立足于新时代中国特色社会主义的现实条件,对于大学生工匠精神的培育应该遵循大学生精神品质形成发展规律和工匠精神的发展逻辑,有目的、有计划、有组织地对大学生施加影响,不断增强其对工匠精神的情感认同,提高自觉践行工匠精神的主动性,使他们能够把工匠精神内化为自身思想意识和道德品质。

大学生工匠精神培育作为一项以育人为目的、以育德为追求的实践活动,具有鲜明的政治引领性、守正创新性、协同联动性,深入挖掘其内涵特征,对于在大学生群体中弘扬和培育工匠精神具有基础性意义。

1. 政治引领性

新时代呼唤新青年,新青年造就新时代,大学生工匠精神培育作为不断完善的动态性过程,始终体现大局需要、反映时代特征,以培养助力当下社会进步的青年人才为目标,不断为其增添新的内容。

(1) 大学生工匠精神培育与新时代需要相适应,依托中国特色社会主义新时代背景培育锐意进取、勤学苦干的大学生,锤炼其勇于创新、敢于创造的精神品格,鼓励其以匠心追梦、以技能报国。

（2）大学生工匠精神培育与新发展阶段人才培养目标相适应，以培养高素质技术技能型人才为目的，在大学生课程体系设置过程中融入勤奋敬业的人文精神培育和创新创造的实践技能教育，使其能够自觉适应新发展格局，展现新时代青年斗志昂扬、苦干实干的精神风貌。

（3）大学生工匠精神培育与新技术进步相适应，在中国制造实现"品质革命"的同时，高质量的劳动大军不断吸收最前沿的技术成果，深入学习了解新兴科技；大学生工匠精神培育工作更是以树匠心为追求、以育匠人为目标，浸润创新创业的精神源泉。

2. 守正创新性

大学生工匠精神培育作为实事求是的客观性过程，始终坚守正道，尊重客观规律，解决新的实际问题，探索新的实践道路，为实现人才强国提供新的支撑。

（1）大学生工匠精神培育工作以大学生教育的客观规律为指导，在躬行实践的过程中不断学习与完善。新的时代背景下大学生工匠精神培育工作更加聚焦于因材施教，关注培育对象的个体化差异，以不同的学业程度与学科属性作为区分，在对大学生进行工匠精神培育的过程中，紧扣立德树人的根本任务对其进行具有强烈针对性的培育。

（2）大学生工匠精神培育工作不断对旧有理论推陈出新，以及时准确的预见性调整培育方案。作为未来技术技能岗位的接班人，将工匠精神融入其学业系统中是应对亟待解决的发展问题的有效措施，具有较强的前瞻性，是着眼当前大势、审视现实大局、谋划未来发展主动权的创新举措。

3. 协同联动性

大学生工匠精神培育作为一个系统工程，需要大学生个人、家庭、高校、社会多方合力、同向同行、协同育人。

（1）大学生作为工匠精神的培育对象，要具有自我培育的意识，在内心接受、认可工匠文化，在提高对工匠精神情感认同的基础上，进一步将工匠精神外化为自己的价值追求和行为习惯。

（2）重视家庭教育这一环节，家庭作为人生"第一所学校"，在培育大学生工匠精神的过程中有着不可替代的作用，父母要注重日常的养成教育，在无形中以多种方式向学生进行工匠精神的灌输和引导。

（3）培育大学生工匠精神要坚守高校这个主阵地，在加强师资建设和相关课程建设的同时，利用好校园文化这一隐性教育资源，对大学生进行耳濡目染的教导。

（4）积极调动全社会的力量，全力配合其他培育主体的工作，合力营造出健康向上的良好氛围，形成培育大学生工匠精神的浓厚氛围。

（三）工匠精神培育的价值意蕴

1. 助力于实现国家高质量发展

立足新发展阶段，高技能人才不仅是支撑传统制造业的重要基础，更是为中国制造、中国创造、中国建造提供有力人才支撑和技能支撑的强劲引擎，能切实强势推动高质量发展，提高我国国际竞争力。

工匠精神能够助力国家高质量发展，实现从制造大国到制造强国的转变。回顾历史可以发现，中国制造业主要是靠外来技术的引进才得以发展，在经历了一段相当长时间的学习模仿过程后，发展成为当今世界第一制造业大国，并且积极融入了全球价值链分工。

在从制造大国向制造强国迈进的过程中，离不开挖掘释放"人才红利"，而高校则承担着由"人口红利"向"人才红利"转变的任务。新时代工匠精神的培育不再局限于技能训练，而是要丰富精神层面的价值信仰，使工匠精神成为大学生的普遍追求，将大学生培养成劳动技能与思想道德兼具的综合性人才，助推我国高质量发展。

2. 有利于弘扬积极进取的价值观

青年的价值取向决定了未来整个社会的价值取向。在当前的社会背景下，受各种社会思潮、网络文化的影响，我国大学生价值取向呈现了多元化、复杂化的发展趋势，社会强烈呼吁对大学生进行正确劳动价值观的培养。

作为积极向上的正确价值观，以工匠精神引导大学生树立正确的劳动观，是对好逸恶劳等错误价值取向的积极应对。工匠精神具有强烈的社会实践性，是乐观进取、创新拼搏、奋斗担当的最好体现，是劳动者克服挫折困苦与艰难险阻、勇担使命与不懈奋斗的精神支柱；也是大学生成长成才过程中不可缺少的养料，是他们勇立潮头、奋勇搏击、朝乾夕惕的动力来源。

大学生是国家的未来、民族的希望。对大学生进行工匠精神培育，可以有效抵制错误价值观的侵蚀，有助于引导大学生树立劳动面前人人平等的观念，使他们认识到无论是体力劳动还是脑力劳动都值得尊重和鼓励，从事任何职业都可以通过双手创造幸福。通过工匠精神培育，大学生不断认可劳动光荣的价值观，进而践行奋斗不止、精进不怠的拼搏理念，最终自觉成为社会积极主流价值观的倡导者。

3. 有助于培育良好的职业道德

大学生作为这个时代的特殊群体，其道德水平直接关系到整个社会的精神面貌；作为社会精英的"储备军"，对当代大学生进行道德教育、提升其道德水平，有助于引导大学生树立正确的世界观、人生观和价值观，提升高校德育的实效性。工匠精神契合了高校德育的这一要求，有助于切实提高大学生的道德素质。

培育大学生工匠精神有助于其厘清个人理想与人生价值间的关系。从事何种职业的人都可以在自己的岗位上抒发爱国之情，不论是卓尔不凡的科学家、知识渊博的教授，还是技能卓越的工人、勤劳朴实的农民，抑或朝气蓬勃的学生，只要能够专注于自己所从事的行业，脚踏实地、兢兢业业、认真负责地对待自己的工作，就有助于国家发展、民族进步、社会和谐，这就是爱国的基本体现。学习工匠技能报国的精神，能够使大学生不断增强对个人理想的认识，持续深入对个人价值的理解，明白只有将个人的理想置于社会发展的大背景之下，将个人的价值融入伟大复兴的光辉事业之中，才能为实现个人理想提供更广阔的可能性，从而走向理想与现实相结合的阳光大道。

培育大学生工匠精神是帮助其树立正确职业道德的有效途径。大学生职业道德是大学生这一群体在接受职业教育过程中需要遵守的行为规范和行业准则，可以对其起到一定的监督和制约作用，是大学生思想品德教育效果的具体表现。修业必先修德，大学生能否成为一个有用的人才，关键在于如何处理"德"与"才"之间的关系。

如果没有良好的职业道德素养，即使具备了扎实的专业知识，也无法成为一个对社会有用的人。大学生作为推动我国未来发展的核心力量，起着中流砥柱的作用，他们的职业道德水平将会影响到国家的整体步伐。工匠精神是职业素养的最高体现，它要求每个劳动者都能够立足于自己的本职工作，发自内心热爱自己所从事的职业。这恰恰符合爱岗敬业的基本职业道德规范要求，也体现了从业者诚实劳动、讲求信誉的职业道德操守。

大学生工匠精神培育与职业道德培养是相一致的，都要求做到对自己的工作认真负责、脚踏实地，能够在劳动的过程中享受付出、收获满足，始终以饱满的精神状态去迎接每天的工作。因此，培育大学生工匠精神有助于引导大学生形成正确的职业道德，强化其社会责任感，在全社会营造出良好的职业道德氛围。

二、新时期工匠精神教育的多重维度

（一）哲学维度

社会中人们的价值取向和思维方式在潜移默化中对工匠精神培育与传承有着不可忽视的作用。因此，培育工匠精神时必须以科学的理论指导实践，一方面发挥马克思主义在工匠精神发展中的指导作用，把坚持以马克思主义为指导全面落实到工匠精神培育和弘扬的各方面；另一方面，正确认知工匠精神才能重塑和培育工匠精神，要坚持价值理性与工具理性的统一。

1. 发挥马克思主义的价值引领作用

传统工匠精神的创新发展也是传统文化现代性转化的过程，这一过程不能动摇马克思主义的指导地位。发展新时代工匠精神首先要将马克思主义基本原理运用于传统工匠文化的传承中，同其中的优秀成分有机融通，以马克思主义为理论和方法指导，推动传统工匠精神的创造性转化和创新性发展。同时，也要用优秀传统工匠文化滋养、浸润并推动马克思主义的中国化。

（1）发挥马克思主义文化观在工匠精神传承与发展中的价值引领作用。工匠精神作为一种价值观念，直接内生于工匠潜心造物的过程中，并且与人类的劳动实践过程息息相关。上层建筑是经济基础的反映，人类社会精神文明和物质文明发展的进程就是上层建筑与经济基础互相影响、互相作用的结果。所以，文化的发展水平在一定条件下影响人对自然界万物与生产力发展的认知和理解水平，进而影响人类社会精神文明和物质文明的发展。

文化能够对个人和社会产生教化作用。文化有传递社会文明的作用，能够使每个人快速掌握更多经验并形成正确的价值观。文化能够带来无形的社会行为规范来约束人的行为，更能凝聚社会各方的力量，形成强烈的感召力和向心力，推动人们共同理想和共同利益的实现。工匠精神是人类从事物质文化生产时特有的意识形态，传承与发展工匠精神的过程正是人们对精神文化传承和创造的过程。积极弘扬和培育工匠精神，提升文化发展水平，营造敬业乐业、踏实肯干、诚实守信社会文化氛围，才能够充分发挥文化的价值功能，使现代技术工人的素质得到全面提高，为建设现代化经济体系提供人才支撑。

（2）发挥马克思主义劳动自由观在工匠精神传承与发展中的价值引领作用。工匠精神与马克思主义所提倡的自由劳动相辅相成。新时代工匠精神形成于马克思主义劳动自由观之上，一方面，自由存在于劳动之中，工匠精神提倡的是人自由自觉地专注于手中工作，自由只有通过秉持工匠精神的新型工匠主动、自发的劳动才能得到确证，人的内在的本质力量也只有通过劳动才能实现；另一方面，劳动自由是感性而现实的自由，每个都能够根据自己的兴趣爱好和自然禀赋在感性的物质生产劳动中去发挥自己的潜能，工匠精神倡导要将个人的情感、技艺和品格倾注于所有手中的物品中，这时，不仅劳动的过程是感性的，作为劳动结果的产品也是独一无二的。

从更深层次上来看，只有在公有制下生产力被所有人占有的前提下，人通过劳动实现自我发展才能获得自由。工匠精神是基于劳动光荣理念的职业精神，它以消除异化劳动为起点，其发展的价值向度是实现人自由而全面的发展和人的全面解放。因此，工匠精神也促进了人类劳动自由的实现,马克思主义劳动自由观在工匠精神发展与传承中有重要的指导作用。

(3)发挥马克思职业选择观在工匠精神传承与发展中的价值引领作用。进行职业选择的最初阶段应当先从自身兴趣出发,冷静地衡量自身完成这份工作能力后,再去选择创造社会价值的职业,这不仅保证个人在从事所选职业时能够做到敬业乐业、臻于至善,并且也有益于个人未来的发展。人只有选择自己喜爱的职业才能够敬畏自己从事的工作,并且主动遵守职业道德。

马克思的职业选择观与新时代工匠精神的基本内涵具有一致性。一方面,新时代工匠精神也内在地包含着职业平等的意蕴,倡导人们在择业时不区别看待脑力劳动和体力劳动,而是选择能够创造社会价值的职业;另一方面,新时代工匠精神要求劳动者在工作过程中要对自己的职业心怀敬畏,马克思的职业选择观也要求人们在选择职业时做到称职、尽职尽责,这与新时代工匠精神中忠于职守、敬业乐业的基本内涵相吻合,因此,要坚持马克思职业选择观在工匠精神传承与发展中的指导作用。

2. 坚持价值理性与工具理性的统一

价值理性与工具理性反映的是人类社会实践过程中目的与手段、终极目的与现实利益、合目的性思维与合规律性思维之间的关系。人类具有运用理性思维的能力,因此,在认知工匠精神的过程中要坚持工具理性和价值理性相协调统一的思维方式。

具体而言,人的价值理性有助于捍卫人的自身价值。工匠精神属于劳动者的职业美德范畴,能够引导劳动者自我价值的实现和人与物亲密情感的建立。劳动者在正确认识工匠精神,并将工匠精神的基本要义内化于心之后,将会把工作过程看作生命活动的自主展开,在造物过程中创造出能够表达自身自由意志的产品。这时,所创之物的质量是劳动者的声誉与道德品格的象征,高质量的物品展现出劳动者专注而创新的职业美德。

同时,工具理性能够为价值理性的升华奠定一定的物质基础,工匠精神能够提高制造业自主创新能力、加快制造业转型升级的速度,最终提高企业竞争力,因此,弘扬和培育工匠精神时也应以追求经济的高质量发展为目的。价值理性和工具理性统一于人们弘扬和培育工匠精神的实践中,两者不可或缺,工具理性保障利益的最大化,价值理性关怀人的精神世界。

(二)现实维度

工匠精神既有利于人这一实践主体自我价值的实现,也有利于高技能人才的培养,在一定程度上将促进社会生产力的发展。为把工匠精神真正落实于人们具体的社会实践活动中，要结合国外培育工匠精神的经验，在坚持马克思主义意识形态、工具理性和价值理性相统一的基础上，根据新时代的时代诉求，从学校教育、企业管理和制度文化三个方面出发提出当前工匠精神培育和弘扬的实践路径，这样能够使工匠精神在培育和弘扬的过程中更有方向性和针对性，有利于推进新时代产业工人队伍的快速建设。

1. 学校教育

学校是人才的主要输出阵地，学校的文化氛围兼容并蓄的特性能够加速不同文化进行碰撞、融合和传播。通过学校教育的形式培育社会中的工匠精神是十分有必要的。首先应加强职业价值观教育，注重培养综合素质和职业技能，最后要将工匠文化结合校园文化，重视校园文化在培育大学生工匠精神情感中的作用。

（1）加强职业价值观教育。职业价值观是一个人人生目标和人生态度在职业选择方面的具体表现，为了使工匠精神能在校园中传播和扎根，可以从以下三个方面入手：

第一，充分运用思想政治教育的手段。将工匠精神作为教学内容，融入大学生思想政治课的课堂，不论是何种专业的学生都要了解中国具有工匠精神的历史传统，增强学生对工匠精神的理性认识和认同度。

第二，创新工匠精神的表达方式。充分利用好互联网中的媒体资源，为学生播放宣传工匠精神的视频，观看完之后可以邀请学生撰写观后感并在课堂中分享，增强学生对中华优秀传统文化的自信心，引导学生形成崇尚劳动、尊重劳动的价值观，以加强对学生的职业平等观教育。

第三，帮助学生树立正确的职业价值观还需要学校认真落实职业生涯规划教育。除了督促学生掌握专业内的技能，也要让学生以自己的职业兴趣为基础，对相关职业进行充分的考察和了解，对自己的性格和能力进行明确的定位与准确的评价，树立适合自己的职业目标。

（2）建设新型师资队伍。综合素质包括一个人的知识和技能水平、身体素质、思想道德品质、人际交往能力等方面的内容，综合素质较强的学生具备自主学习和创新的积极性，将来更容易成为高素质和高技能兼具的人才。要以优秀的师资队伍提高学生群体的综合素质，可以从两个方面入手：①大力引进相关学科的专业型人才，壮大优秀的师资队伍，努力建成"双师型"教师队伍。②优化教学内容。教师是学校教育中的引路人，在引导学生形成良好品德的同时，也要向学生传授有利于其成才的专业知识和专业技能。

（3）工匠文化与校园文化融合。校园文化是学生在校园中参与文化活动的过程中形成的，良好的校园文化环境对学生成长能够产生积极的影响。学生能够在参加校园文化活动的过程中形成健康向上、积极乐观和诚实守信的高尚品格，树立正确的价值观。校园文化是宣传工匠精神的重要介质,要利用工匠文化中所蕴含的爱国主义精神、与时俱进的创新精神和坚守传承的职业操守推动校园文化的形成。

第一,对校园环境进行合理、整体的规划,突出工匠文化的特点及所体现的人文精神,实现工匠文化在潜移默化中影响人、教育人的目的。同时,挖掘学校精神与工匠文化内涵的耦合之处,建设特点鲜明、育人为本的校园文化。协助学生在对以校风、校训、学风为代表的学校精神的充分认同中确立积极向上的理想信念、人生观和世界观,进而激励大学生群体中工匠精神的内化。

第二,以工匠文化为特点定制主题活动。可以利用"工匠日",组织相关活动,引导书画社策划以工匠文化为主题的作品展;开展与工匠文化相关的论坛、演讲知识竞赛等。

第三,注重对校园工匠文化的凝练和深入探索,拓宽工匠文化的宣传途径,重视校园文化在培育大学生的工匠精神过程中的重要作用,有效推动大学生从认同"工匠精神"到践行"工匠精神",最终顺利向社会输出高素质、高技能的人才。

2. 企业管理

企业是新型工匠成长和发展的摇篮,工匠精神在企业中的发扬不仅关乎企业自身的发展,也与国家的富强和民族的兴旺息息相关。企业在工匠精神的培育和弘扬过程中是极具凝聚力与感染力的有效组织,为保障学校输送来的高技能型人才在企业中最大地发挥作用,企业要制定高效管理制度激发人才的创新活力。企业可以通过开展良性竞争活动激发员工的工作热情,以创新品牌价值的方式倒逼工匠精神植根于企业文化。最后,联合各方力量构建各行业的职业共同体,保证新时代中国工匠精神时刻充满活力。

(1)企业内部积极开展良性竞争活动。企业应坚守工匠精神的核心理念,把践行工匠精神转化为一种自觉行为。良性竞争活动能促使员工以岗位职责严格约束自己,促进企业日常生产经营的持续开展。因此,可以通过开展员工之间的良性竞争活动,培育技能精湛的技术型人才、打造一流的产品和服务。

第一,开展良性竞争活动前要帮助员工树立正确的工作态度,使员工明白工作不仅是获得薪酬的过程,也是实现个人价值的过程。

第二,企业管理者与普通员工一起探讨、制定详细的内部竞争条例。

第三,完善工作绩效评估的机制,有功则赏。用荣誉激发员工的工作热情有利于塑造一支具有积极工作态度的产业工人队伍。

第四,大小企业都要建立起科学而公平的内部竞争上岗方案,以防止人才的流失、保障管理层队伍的质量。

(2)加强品牌价值创新发展。创新品牌价值倒逼企业必须积极引进高技能人才、建设高素质的产业工人队伍，这有利于在企业内部传承工匠精神精益求精的工作标准，长期保持工匠精神在企业内部的活力。为创新品牌价值，企业要开展个性化和柔性化生产提升产品品质和服务，柔性化生产是一种市场导向型的先进生产方式，依靠计算机带来的仿真、建模和虚拟现实等技术，设计并生产出外观精致、智能化、品牌价值高的产品，以更好地区别其他同类产品和服务。

（3）各企业联合构建职业共同体。职业共同体是基于职业群体共同利益的需要而生成的，其成员是具有强烈归属感的实体社会互动群体。职业共同体的构建能够促进行业自律，敦促工匠的行为在合法性的基础上追求道德性和规范性。因此，构建各行业的职业共同体，营造有利于工匠精神发展的社会环境是十分有必要的。

工匠职业共同体的建立需要保证高技能、高素质的现代技术工人的规模和素质，可以从以下三个方面着手：

第一，以校企合作利益共同体推动职业共同体的构建。在校企合作利益共同体中，教学和研究人员坚守职业理想，践行职业操守，以身作则，在传授技能的同时，提升未来高技术型工匠的职业认同感和荣誉感。

第二，职业准入制度的成熟和完善也会直接影响产业工人队伍的质量，要实施严格的职业准入制度。增加实行职业准入制度的职业类型，加强对新入职人员的监督力度，严格的职业准入制度能够在保证产品和工作质量的同时，提高整个行业的创新水平和技术水平。

第三，加强团队交流与共同投入。管理人员要身居一线，而员工也要坦诚交代工作进度，及时汇报工作中出现的问题；还可建立工匠工作室加强对工匠的常态化管理，通过员工间的深度交流促进工匠活动的开放性，以员工的共同利益为基础构建职业共同体。

3. 制度文化

制度和文化体系的完善为新时代中国工匠精神充分发挥作用带来有力保障，良好的社会文化环境有助于人们感悟和践行工匠精神，要营造出维持工匠精神在社会中持续存在，并能够延续至未来的文化氛围。此外，严格健全的工匠制度能够为工匠精神在社会中发挥作用提供强有力的制度保障，多元化的传播方式有助于全社会凝聚起崇尚工匠精神的价值共识。

（1）完善更严格的市场管理制度。工匠精神代表着执着、专注、创新，若要形成适宜传承工匠精神的社会环境，就要完善更严格的市场管理制度。

第一，深化市场领域的法律制度改革，完善产品和服务的市场准入制度，与时俱进地修订产品质量和服务质量的标准，以高标准确保产品质量和服务质量的提升。在质量保障制度的制定上，政府应为企业提供契合的制度与法律框架，既规范了企业自身的治理结构与治理能力，还能够保障其自主性与首创性。

第二，各地市市场监督管理局制定消费品召回管理的相关条例，促使各大中小企业制定自己的产品召回制度。回收已经进入市场的不合格产品，推动企业承担起主动履行缺陷产品召回的主体责任，对违反条例的企业给予一定的处罚措施。以此维护市场秩序，保护合法经营，取缔非法活动，为工匠精神在社会中的弘扬提供有利的环境。

（2）以健全的人才机制完善工匠制度。要完善和落实技术工人培养、使用、评价、考核机制，提高技能人才待遇水平，畅通技能人才职业发展通道，完善技能人才激励政策。人才培养机制和人才保障机制是工匠制度的两项重要内容。科学合理的工匠制度能保障劳动者持有敬业乐业的工作态度，要以健全的人才机制完善工匠制度。

第一，完善人才保障机制。在保障高层次人才的同时，也要提高从事一线生产的工人的薪酬待遇，制定政策法规充分保证一线工人的各项基本权利和利益；给予中小型企业中的劳动者保障性待遇，完善奖励机制，为每一位技术工人提供终身学习的机会。

第二，学校与企业要进一步加强交流与衔接，依据企业的需求精准培养和输送紧缺专业技术人才；针对企业向学生额外收费的技术型校企合作专业，企业可适当调整学费以吸引更多优质学生。只有构建起健全的人才机制，才能保障工匠精神在未来得以传承。

（3）借助多元化的传播方式宣传工匠文化。现代社会传播渠道呈现出多元化的趋势，新媒体成为主流的文化传播方式，由于受众了解信息的渠道在慢慢增多，应借助多样的传播方式宣传工匠文化。

第一，培育和弘扬工匠精神要重视微博、微信、直播视频等网络平台的作用，从而进一步扩大工匠文化在网络空间的传播阵地，打造集通识性、生动性、互动性于一体的工匠文化传播平台，扩大工匠文化在网络中的号召力和感染力。只有每个人都成为工匠文化传播过程中的自主经历者、贡献者和推动者，深入了解工匠文化，才能在潜移默化中吸收这种优秀的精神品质。

第二，优秀的工匠往往就在我们身边，要加大对社会中的劳动模范、工匠典范的宣传力度。工匠精神所面向的群体应更广泛，不只由在一线从事生产的工人群体来践行，科学家、工程师和企业家，乃至教师、学者和医护人员等群体都可以传承和践行工匠精神。各地市的媒体应去寻找和采访当地发扬工匠精神的劳动者，将工匠故事制作成纪录片或在报刊上设置优秀工匠专栏，为工匠精神和工匠文化的传播提供有利的环境。

三、工匠精神育人的实践路径探索

（一）社会层面

大学生工匠精神培育是一个系统工程，作为实践落点，社会在其过程中应当发挥积极的引导作用。要积极调动全社会的力量，全力配合其他培育主体的工作，着力探索培育大学生工匠精神的可行举措，合力在全社会营造出健康向上的良好氛围，促进大学生工匠精神培育工作的顺利开展。

1. 以社会主义核心价值观为引领

对大学生进行工匠精神培育要以社会主义核心价值观为引领。社会主义核心价值观在公民个人层面表现为"爱国、敬业、诚信、友善"，这是公民必须恪守的基本道德准则，也应该成为工匠精神培育的价值准则。加强对大学生社会主义核心价值观的教育，将其作为培育工作的出发点和落脚点，着力培塑大学生形成正确的价值观。

（1）将爱国精神作为大学生工匠精神培育的最终归宿。爱国精神是融于人们血液之中的基本良知，是激励人们奋发图强的巨大精神力量，一切活动的顺利进行都离不开它的引领；同样，在对大学生进行工匠精神培育的过程中爱国精神也不可缺失。国家好，我们每个人才会好。家国情怀是培育大学生工匠精神的首要条件，正确的国家观和民族观是培育大学生工匠精神的必然要求。新时代大学生要时刻把爱国铭记于心，自觉将国家的前途命运同个人的理想抱负紧密结合，以个人进步助推国家发展。

（2）将敬业精神作为大学生工匠精神培育的实践指引。职业道德中最重要的组成部分就是敬业，而爱岗敬业的先决条件在于人们能够对自己的事业有发自内心的热爱，并且能够臻于至善、全身心投入。这种精神是大学生成长成才路上不可或缺的品质，对其日后工作生活的长足发展具有重要的促进作用。高校要以敬业精神指引工匠精神培育，大力加强校企合作力度，为大学生提供尽可能多的实习机会，从而让大学生有机会在实践中发挥敬业精神，通过专注严谨、精益求精的态度体悟工匠情怀，从而更好地理解与践行工匠精神。

（3）将诚信精神作为大学生工匠精神培育的重要组成。作为中华民族优良传统，诚实守信不仅是为人处世的基本要求，更是职业生涯中重要的参考标准。公民缺乏诚信，就会使其本身缺乏对敬业奉献的信任；单位缺乏诚信，就会导致部分工人在付出劳动后得不到应有的报酬、劳动者的合法权益得不到应有的保护，那么自然也就无从谈起培育工匠精神，更是无法涉及大学生群体。对此，一方面需要加强全社会关于诚信文化的建设，提高公民的诚信水平；另一方面则必须完善诚信奖惩制度，对于存在失信行为的企业和个人给予曝光，并且对其进行经济和道德双重惩罚。

（4）将友善精神作为大学生工匠精神培育的检验标尺。经济飞速发展的今天，生活节奏越来越快，大家都在为了获取更高的利益而争分夺秒。在满足基本物质需求的同时，人民日益增长的美好生活需要要求建立一个互帮互助、和睦共处的和谐社会。工匠精神的培育，能够在激烈的竞争环境中帮助人们树立正确的竞争观，正确对待工作中的竞争对手，营造和谐友爱的工作氛围。这种对待行业专家虚心敬仰、对待普通工人无私关爱的表现就是工匠精神的最佳释义。

2. 发挥榜样引领的示范作用

培育大学生工匠精神归根结底还是要更好地解决人的发展问题，在大学生工匠精神培育过程中必须充分发挥榜样的示范作用，注重树立工匠典型，激发大学生的看齐意识。

榜样教育法最深刻的内涵在于通过让人们学习典型增加其对优秀精神的认可，增强其向模范看齐的意识，最终实现自身思想道德水平的提高。我们要善于挖掘大学生身边的"大国工匠"，通过他们的事迹去感召大学生自觉了解和践行工匠精神，引导他们养成爱国敬业和心无旁骛的精神。

与此同时，对于榜样人物的选择和宣传需要切实贴近大学生的实际生活，使得育人效果得到最大限度的发挥。

3. 提高社会媒体的宣传效能

大学生工匠精神的培育应该合理运用社会媒体力量。随着互联网的飞速发展和社会媒介的普及，大众媒体对人们的生活方式产生了巨大的影响。工匠精神可以将其作为宣传载体，更好地提升培育大学生工匠精神实际效果。

充分发挥社会主流媒体的氛围营造作用，引导全社会积极传播与学习工匠精神。社会主流媒体对于爱岗敬业、勇于奉献、守正创新的优秀"匠人"的大力宣传，不但传播了社会正能量，让其典型事例深入人心，而且通过积极、阳光的舆论导向影响人们的日常生活，营造整体向上的社会氛围。作为"网络原住民"的大学生，工匠精神在社交网络中的出现，将其培育更好地融入日常生活中，为他们提供了随时随地可用的学习平台。

同时，各种微平台的宣传可以拉近工匠精神与大学生日常生活的距离。在"意识形态新时代"，微信、微博、短视频App等社交平台都可以作为树立典型模范的新平台。这些微平台的活动以生活中的小事发挥素人榜样的力量，加大了工匠精神的曝光度，为大学生工匠精神的培育营造了一个风清气正的网络环境。

（二）高校层面

高校是大学生工匠精神培育的主阵地。通过思想政治教育的主渠道加强工匠精神在大学生群体中的培育，不仅能够培育出踏实勤奋、刻苦钻研的学业人，更能够使其进一步成为敬业乐群、精益求精的职业人。这与高校要培养社会主义合格建设者和可靠接班人的根本任务相契合，培育大学生工匠精神要坚守高校这个主阵地。

1. 加强师资建设和相关课程建设

人才的培养关键在教师，教师队伍素质直接决定着大学办学能力和水平。教师是教学活动的直接组织者和实施者，在对大学生进行职业观教育的过程中，他们的教学态度及实施能力的好坏直接决定着职业观教育的效果是否明显。目前，我国高校的职业观教育工作大多是由辅导员、学校行政管理人员进行兼任完成的，高校专门从事职业教育的教师严重不足。因此，新时代高校加强大学生工匠精神培育，需要建设一支相对稳定、专兼结合、有干劲的高素质教师队伍，发挥工匠老师的示范引领作用。

（1）提升本校师资力量，培养校内复合型的教师队伍，将工匠精神与专业课相结合。工匠精神的培育不仅要在高校公共课中进行，更应该结合院系专业等实际情况因材施教。这就要求高校建设一支高素质的复合型教师队伍，使其能够将工匠精神的内涵纳入课程设计之中，与专业方向进行具体结合，赋予其专业特色，为日后学生的成长发展提供指引。高校可以依据不同专业学生的具体情况进行针对性的教学。

（2）拓宽校外教育资源，建立一支高质量的校外兼职教师队伍，普及"双导师"制度，把传统的学徒制教育方式与当下的导师制教育模式深度融合。高校可以根据现代化的教育思想对学徒制进行改革，与专业相关的企业、科研机构等建立联教联育机制，邀请外单位的师傅、专家（简称校外导师库），与学校的导师共同承担教育任务，在专业基础教育的同时进行职业教育，从实践角度帮助大学生进行更目标化、系统化和专业化的学习，提升大学生的综合素质，为其长久发展夯实基础。

（3）完善相关课程设置，着力提升思想政治理论课程质量。在新时代，工匠精神与高校政治教育的结合，能够推动高校思想政治教育在内容上的持续更新与教育方式上的进步。实践证明，思想政治理论课是培育大学生工匠精神最直接的方式，也是大学生接受工匠精神教育的主渠道，但是培育工作的进行并不是为了将每一位大学生都培养成"工匠"，而是使其养成敬业乐业的良好习惯。因此，高校在注重"匠人"精神培育的同时，更要将立德树人贯穿其中，引导大学生树立一丝不苟、努力拼搏的"匠人"精神，成为德才兼备、德艺双馨的综合型人才。

2. 优化高校工匠精神的培育环境

校园文化作为一种隐性教育资源，将工匠精神寓于其中能够对大学生进行耳濡目染的教导。为此，必须要注重校园文化对学生潜移默化的影响和教化。

（1）营造工匠精神培育的文化环境。对在校大学生来说，学校既是学习知识的地方，又是基本的生活区域。高校可以将工匠精神融入校园文化环境中，使大学生能够在隐含工匠精神的良好氛围中潜移默化地受其影响、被其教育。高校可以开展以"工匠精神"为主题的实践活动，同时，有条件的高校还可以邀请"大国工匠"走入校园，向学生分享他们在工作和生活中的感受，拉近"工匠精神"与学生的距离。这些丰富多彩的校园文化活动将教育寓于无形，使得学生能够在感受工匠文化魅力的同时，更加积极主动地去学习工匠精神。

（2）提升工匠精神培育的硬件条件。校园文化中的物质文化是工匠精神的物质载体，同样也在培育大学生工匠精神的过程中发挥了重要作用。例如，校园中的建筑外观、人物雕塑、绘画作品等不仅可以美化校园环境、为大学生营造良好的学习氛围，更是凝聚了建筑工人的心血，其本身就是工匠精神的体现，有助于大学生更直观地感受工匠精神的魅力，优化高校工匠精神培育环境。

3. 构筑工匠精神培育的实践高地

大学生社会实践不仅是普通高等教育的重要组成部分，其与生产劳动的结合更是我党的一项重要教育方针。实践教育就是将实践过程与教育过程相融合，与知识教育相比，具有更强的体验性，可以有效解决大学生存在的知行不一问题。因此在对大学生进行工匠精神培育时，需要与实践教育紧密结合起来，大学生在实践活动中获得了直接经验，更加深化了其对工匠精神丰富内涵的理解，从而积极主动地在日常生活中予以践行，真正做到知行合一。

（1）广泛开展校外实践锻炼，可以通过"创新创业""社会实践"等活动，组织大学生深入工厂、车间等劳动一线开展深入实际的实践教育活动。高校可以与企业积极进行交流合作，借助企业这个实践平台来开展大学生工匠精神培育工作，让大学生能接触到真正的"大国工匠"。这不仅可以检验在书本上学到的理论知识，通过顶岗实践发现自身的不足、深化自己的认识，更能够帮助大学生直观感受到劳动者创造的成绩，了解到劳动者的伟大，树立起尊重劳动、热爱劳动的劳动观。

（2）深入开展校内实践活动，通过建立"第二课堂成绩单制度"，在校内开展灵活多样的实践教育活动。一方面，思想政治课教师可以引导大学生在课下开展关于工匠精神认识和践行状况的调研，课堂上针对学生在调研中发现的正面和反面案例进行分析。学生通过调研深化对工匠精神的认知，使得工匠精神不再是一种虚无缥缈的理论。另一方面，以成立"新时代大学生工匠精神"宣讲团的方式向大学生进行宣讲。利用朋辈群体之间的教育力量，以大学生自己的视角和方式把"大国工匠"的典型事例传播到校园的每个角落，在进行宣讲时可以根据不同专业大学生的具体情况，因材施教，使得工匠精神真正融入每个学生的内心深处，从而实现培育大学生工匠精神的最终目标。

（三）家庭层面

家庭是社会的基本细胞，是人生的第一所学校。大学生对于"工匠精神"的认知首先就来自家庭的影响。家庭教育的持久性特点决定了人从家庭中获得的影响是潜移默化和深远持久的。因此，充分发挥家庭教育的功能，有利于工匠精神在大学生思想意识中不断得到强化，在培育大学生工匠精神的过程中有着不可替代的作用。

1. 培塑正确劳动观念

父母自身需要树立正确的劳动观和教育观，要立足正确的教育理念引导学生从内心接受和认可工匠精神。

（1）立足正确的劳动教育观。父母应该注重培养子女独立自主的意识和能力，让他们明白幸福生活只有通过自己的勤奋劳动才能获得。

（2）立足正确的职业观。着重培养学生形成尊重劳动、尊重劳动人民的意识，摒弃传统文化中的不良思想，让学生从小就明白劳动没有高低贵贱之分，认识到脑力劳动和体力劳动只有工作性质和内容的不同，同样都是值得尊重的。

（3）立足正确的实践教育观。当前社会，"重智轻德"的现象较为普遍，部分父母认为成绩好就是一切，忽略了对子女实践能力和动手能力的培养，导致很多"高分低能"学生的出现。父母应该明确，虽然学习是学生的成长中不可缺少的部分，但是却不是人生的全部，在家庭教育中，应当着力培养其吃苦耐劳的意志力和追求卓越的创造精神，为学生的成长成才打好人生的地基。

2. 传承良好家风家教

家庭教育气氛会潜移默化大学生对工匠精神的态度。一个家庭的家风和家教甚至会影响几代人。作为学生的第一任老师，父母在家庭中的榜样示范教育，就是大学生对于工匠精神认知的最好来源。

（1）做到言传身教，父母自身要端正对生活和工作的态度，保持积极进取的精神状态。家长要正视自己的榜样力量，在日常生活中保持积极向上的态度，形成勇于担当、阳光乐观的家教；家长还应该注重家风建设，教育子女远离投机、功利和浮躁的错误心态，注重学生严谨认真、勤奋专注等优秀品质的养成；同时家长也应该提高自身的理论素养，通过自身的学习带动家庭学习，优化家庭教育气氛，在无形中以多种方式向学生进行工匠精神的灌输和引导，提高他们对工匠精神的认识，还可以将其作为主题展开家庭讨论，在日常生活中加强工匠精神的渗透。

（2）加强纾难解困，在教育的过程中，家长要结合学生的具体情况做好调整。在学生遇到困难的时候，使他们明白任何事情都是一个从无到有、从不会到会的过程，要引领他们勇往直前，用迎难而上的态度面对困难，为工匠精神的培育提供肥沃的"黑土地"。

3. 注重日常养成教育

（1）注重细节养成，在日常生活中，父母可以培养学生从力所能及的小事做起，承担起一部分简单的家务劳动，通过生活中的琐事将工匠精神的培育细化，让他们从小形成热爱劳动的意识以及正确的劳动方式。

（2）注重技能培育，要重视学生劳动素养的培育，提高他们的劳动技能。家长要与高校形成合力，在带领学生投身假期实践的过程中，提高他们的劳动技能、锤炼他们的心性，培育他们在实践活动中的创新创造能力。

（3）做到寓教于乐，提高对学生情绪态度的关注，对实践的过程中出现的问题给予合理的建议和引导，让大学生能够在实践的过程中体会到劳动所带来的快乐和价值。

（四）个人层面

受教育者由于在接受教育过程中，也进行自我教育，具有主动教育功能，因而既是教育的客体，又是教育的主体。虽然国家机制、社会氛围、高校教育等都是培育过程中必不可少的因素，但外因发挥作用需要内因的支持。因此，要提高大学生工匠精神培育的效果，也需要落实到大学生自身教育上来，只有将工匠精神内化为个人的价值追求和行为习惯，才能在日常实践中外化于行动，从而最终实现培育的目标。

1. 深化对工匠精神的学思践悟

学习是实践的基础，必须坚持努力学习，为工匠精神的养成提供温床。

（1）向内深入探索。工匠精神并不是舶来品，我国自古以来就是传统的工匠大国，无数能工巧匠凭借自己的智慧和双手创造了许多令世界为之震撼的伟大功绩。他们身上的优秀精神品质早已深深植根于中华民族的土壤之中，成为中华优秀传统文化的一部分。作为新时代接班人的大学生，要成为适应国家和社会发展需要的高素质人才，必须加强劳动能力的培养，学习、践行工匠精神。

（2）向外深度延伸。提到工匠精神，我们首先想到的就是日本、德国、美国等发达国家，这与它们良好的工匠文化是分不开的。我们需要通过了解它们的历史文化，学习其培育工匠精神的经验，结合我国的社会现实，不断推动我国工匠精神的发展。同时，作为大学生，最主要的任务就是学习。在这个瞬息万变的时代，想要成为一名优秀的大国工匠仅仅靠情怀和态度是不够的，只有端正学习动机，不断加强对专业知识的学习，养成在学业上一丝不苟、脚踏实地、追求卓越的学风，才能支撑起未来职业的需要，把自己培养成符合我国现代化建设要求的创新型人才。

2. 内化对工匠精神的情感认同

思想是行动的先导，有什么样的观念，就有什么样的行为。大学生需要从内心接受工匠文化、提高对工匠精神情感上的认同。

提高大学生对工匠精神的认同，是扭转这种错误观念的关键所在。只有真正建立起了对工匠精神情感上的认同，才能感受到践行工匠精神所带来的快乐和满足。情感认同作为重要推动力，是大学生自觉践行工匠精神的基础，也是从"知"到"行"转化过程中的关键。大学生群体作为国家的未来，理应树立尊重劳动、热爱劳动的劳动观，以饱满的态度投身到劳动实践中，更好地发挥中流砥柱的作用。

3. 外化对工匠精神的实践行为

只有通过实践，才能够充分检验大学生工匠精神培育的成效。及时地实践能够使大学生得到及时的反馈，帮助其融合自身的能力素质特点，发现在工匠精神培育中的缺陷与不足，切实做到内化于心。

大学生在自身培育的过程中，需要持之以恒的韧性和气质，将工匠精神的学习与培养融入学习生活的全领域全过程，这要求大学生在打牢理论基础、强化知识技能的同时，有层次、分步骤地进行劳动实践，逐步养成具有自身特点的匠心匠德。例如，通过参加学校、社会组织的技能大赛，在大平台上展现自我、秀出风采，在活动引领下对自身能力进行预演预练和阶段性总结，并通过多次修正自身发展路径，最终实现其与自身特点的高度契合。

随着认可程度的不断提高，工匠精神将越来越多地出现在生活的方方面面，全社会将形成一股践行"工匠精神"的大潮。通过全领域、全平台的熏陶，大学生能够一体化推进自身全面成长进步，有信心、有能力面对社会上的种种考验，最终实现自己的人生价值，成为新时代可堪大用的高素质人才。

第三章 新时代大学生劳动价值观的有效培育

第一节 大学生劳动价值观教育的核心及重要性

一、新时代大学生劳动价值观的核心要义

"劳动价值观是人们关于劳动价值的根本认识和根本观点"。[①] 新时代大学生劳动价值观的教育研究，在借鉴和继承前人教育经验的前提下，教育"具体内容"的劳动价值观尤为重要，抓住大学生在世界观、人生观、价值观发展成熟时期的观念教育，使得大学生能够把劳动作为内心深处的崇高追求。下文从劳动价值观的物质、精神、时代角度阐述核心要义。

（一）劳动是创造社会财富的决定力量

从劳动的结果来看。共同富裕是人类发展的现实目标。马克思的价值论中，认为财富的积累与劳动密切相关，知识技术产品、自然物质资源、劳动产品等形式构成了社会财富。

马克思主义财富观与中国实际相结合，运用到改革开放初期，就是"先富"帮"后富"，在新时代，我们要实现共同富裕，"以人为中心"的脱贫攻坚。我国有从事科技研发人员，有从事一线加工管理的人员，还有从事管理方面的人员等，多种多样的职能劳动决定了生产劳动的多样性，不同制度的人员之间构成劳动关系。因此，大学生应该尊重、平等对待不同职业劳动者，保护一切有利于参与社会财富的劳动，把劳动视为财富的第一选择，在此基础上，青年大学生在认识到劳动在积累财富的重要性的同时，也要认识到劳

[①] 张正光. 新时代劳动价值观跃迁的四重维度 [J]. 上海师范大学学报（哲学社会科学版），2022，51（1）：52-61.

动无高低贵贱的区别，每个劳动者都是光荣和神圣的代言人。

（二）劳动是实现人格完善的重要环节

劳动能够完善大学生健全的人格，原因包括：一方面，大学生的价值追求有三个逻辑层次：生存价值追求、享受价值追求、发展价值追求。在人生发展过程中，大学生对于幸福意义的追求从物质生产资料到追求更高理想的目标，站在发展价值追求的高度去劳动，使身心健康，积极向上，热情迸发。另一方面，作为劳动者，教育大学生坚持以人为本，关注人的生命、自由、尊严和权利的价值，以创造性劳动服务社会，履行义务，具有高尚的人格。人之所以为人，是因为人具有社会属性，那么社会属性在人的特征上的表现就是"人格"，在主体上，大学生大脑及高级神经系统开始成熟，具有抽象思维能力。

劳动价值观教育是知识性、计划性、系统性的教育，大学生人格的完善离不开劳动价值观教育，青年学生认识到劳动对其人格完善的重要性，劳动出众的人，其道德品质主导增强，总结各个要素人通过自我分析、评价可以了解自己思想及行为，根据内在性格优化、外在环境进行调控达到认识到自身地位、价值、责任等，从而形成自觉劳动意识，最终人格趋于某一定式。

（三）为人民服务是劳动的价值取向

从劳动的主体来看。全面建成小康社会，脱贫攻坚的任务，第二个百年奋斗目标，社会主义现代化国家的建设等目标，最终目的都是让人民过上幸福生活。

为人民服务是劳动的价值取向，原因包括：一方面，新时代最美奋斗者是劳动者时代性的称号。劳动价值观教育重点在于价值观的指引，职业劳动占据着人生的大部分，大学生的就业观择业观影响着日后参与工作的行为准则。另一方面，为人民服务蕴含道德伦理的性质。正视问题是解决问题的第一步，大学生需要有为人民服务的理念，在当代信息化、机械化、智能化快速发展的时代背景下，需要一批解决科技核心问题的创新型高素质人才，实现"中国智造"的转型升级，科技造福人民，数字化劳动的成果在分享和消费着。全面了解劳动对大学生的价值观的教育，为人民服务的成效在大学生中不可忽视。

正确劳动价值观教育可以调动人的劳动积极性去参与社会建设，从而提升劳动技能和激发创新性劳动，最终达到为人民办实事好事、改善民生。

（四）爱岗敬业是劳动的基本遵循

爱岗敬业是社会主义核心价值观的内涵之一，也是劳动价值观的具体表现。劳动、工匠精神的核心凝练都离不开爱岗敬业的思想。

爱岗敬业是劳动的基本遵循，原因包括：一方面，从宏观层面看，"爱岗"是对工作选择的肯定，"敬业"是对自己劳动过程的肯定。随着人类社会的快速变化，劳动的分工走向精细化。一批新业态劳动者，是由新技术的出现，消费者的需求和大学生喜爱灵活的工作环境等多种因素所致。另一方面，从微观层面看，以年龄层次划分的"00后"大学生，处于信息技术快速发展的时期，面临更加激烈的就业竞争。要平衡劳动与休闲的比重问题，休闲时间效果会反作用于工作积极性。面对疫情就业的现实，大学生需要提高综合工作能力，为人的全面发展创造条件，在平凡的工作岗位上实现物质和精神的统一。

（五）创新创业是劳动的时代要求

创新创业是劳动的时代要求，原因包括：首先，劳动形态的未来发展趋势。由于人力重复性劳动使得人想从繁重乏味的工作中解放出来，智能时代的到来，机器代替一部分机械化劳动，会使部分职业被替代，但是任何事物要辩证看待，相反，新兴产业会创造出新的岗位。因此大学生要积极应对挑战，转变就业观，全面提升自身能力，适应现代科技需求趋势。其次，国家学校企业的重视度。党中央、国务院高度重视劳育与创新产业的融合，发扬务实精神，落实好创业平台，创新创业的劳动价值观，是适应新时代背景的产物，是推动经济高质量发展的理念。创新创业间接与共同富裕、脱贫攻坚目标有着联系。大学生们自主创业，是自力更生的榜样，带领大家创新创业，从先创到后创，再是共创。在这过程中，展现了劳动价值观的价值意蕴，由服务自己到服务他人的劳动幸福感。

二、新时代大学生劳动价值观教育的重大意义

教育的本意是影响人的思想，影响人身心发展，影响人行为的社会实践活动，确定培养什么人的问题，以最客观、最公正的意识思维教化育人。劳动价值观的正确教育，会促进大学生的全面自由发展，行是知之始，知是行之成。树立正确的劳动价值观，标志对人的全面发展的认识水平达到一个全新的阶段。

（一）有利于大学生重塑劳动价值观

当代大学生对"劳动"熟悉，对"劳动价值观"陌生。由于大学生思想政治教育缺少这重要劳动教学内容，需要劳动价值观教育的正确引导，重新帮助大学生塑造劳动价值观的再认知，联通劳动教育意义的有效举措。从理论价值方面，有利于探究源头，肯定主体地位，认识自身发展潜力，从而平等公正对待脑力和体力劳动。"劳动教育是国民教育

体系的重要内容，是大学生成长的必要途径，具有树德、增智、强体、育美的综合育人价值。"①

1. 有利于引领大学生探究劳动价值观之源

探究新时代劳动价值观的源头，更好地理解马克思主义科学的劳动价值论思想。新时代大学生多为"00后"，生于21世纪初，处在时代变化迅速、经济全球化、西方价值思潮热，智能化网络化时代。少部分人认为劳动就是为了赚钱，获取工资生活的手段。对于什么是"本源"问题不太清楚。价值观教育利于应对多元文化价值的渗透，如果没有社会主义核心价值观，就没有国家立心、民族立魂的凝聚力。

（1）劳动创造了价值主体"人"，创造了人类社会的历史，在自然界与人之间通过劳动赋予能力，人的"现实价值"在人类社会中展现了劳动的独特标准。

（2）教育与生产劳动相结合的实践育人模式的优势。生命自由性的合目的的东西，对他而言是教育角度下，劳动价值衡量标准向德向善向美的追求。因此，教育大学生树立正确的劳动价值观，有助于更好地引导大学生树立对马克思主义劳动价值理论的坚定信仰。

2. 有利于肯定劳动者的主体地位与现实作用

回顾资本主义社会，劳动者处于剥削和压迫的地位，由于资本主义劳动异化、制度异化、生产资料私有化，导致工人压制潜能，脱离自由，失去主体认同性。

一方面，从反面角度来解析。"自己的劳动活动"要有意识地去把握，要消除异化劳动带来的问题，为实现劳动者的解放而奋斗。

另一方面，尊重劳动者的主体地位。必须考虑认同劳动者主体影响的接受状态。主体是具有自我意识，自发从事实践活动的人，客体对应自然、人类社会等。大学生是青年劳动者的代表，劳动者的主体地位是以人民为中心的话语上的重构。

大学生对劳动者主体地位的认同，可以借助思想政治教育，劳动者如果在工作生活中不能成为自己的主人，那就和动物无异。但是大学生要知道，处于人工智能技术发展下的岗位特性，人不能被机器所取代，而是协助劳动者，人工智能视域下的劳动主体还有待研究。

3. 有利于帮助大学生认识到自身发展潜力

大学生劳动价值观教育，有利于帮助大学生认识到自身发展的潜力。那么判断一个人在工作和学习中有没有发展的潜力，关键在于如何正确认知自己，包括自我认知、心智、人际、变革、结果敏锐度等方面。原因从以下两个方面阐述：

---

① 谢敏霞. 新时代"00后"大学生劳动价值观培育探析[J]. 科教文汇, 2023（3）：54-57.

一方面，由于大学生的世界观人生观和价值观尚未完全建立，思想方面仍然具有较大的定义空间。劳动价值观教育的关注点是学生在劳动中获得感受有没有及时做记录，有没有看到所有学生的个性差异。高校贯彻人本教育理念，但也容易忽视潜力的价值。

另一方面，大学生应该努力学习专业知识，配合相应的劳动实践，成为职业型人才。科学的劳动价值观能够促进大学生自身发展潜力，劳动价值观教育的作用非常突出，五育并举的体系下，融合思想政治教育的宝贵经验，有助于提高大学生潜能，做动脑动手的人才。

4. 有利于平等公正看待脑力与体力劳动

劳动价值观教育会使大学生的看法发生变化，认识到职业不分贵贱，但是两者的所处环境不同，具体问题具体分析。脑力劳动者有精神紧张、压力困扰等问题，体力劳动者有环境较差、噪声问题，身体各方面劳累过度。人才的培养要全面化，从低端简单操作转变到复合型、应用型和创研型。因此实现脑力劳动与体力劳动的融合发展具有时代价值。

大学生职业生涯中伴随着体力与脑力的协同作业，有去边远山区支教的劳动者，还有背后默默奉献的科技人员，都在为美好生活而努力创造。大学生接受了"手脑"并用的劳动价值取向，勿把脑力劳动看得比体力重，这是片面的劳动价值观教育理解。国家在这方面做得非常具有教育意义，结合媒体、电视，举办工匠故事会、劳模分享会、劳模歌曲等，都潜移默化地影响着大学生的观念，有利于大学生平等公正看待脑力体力劳动。

（二）有利于大学生践行劳动价值观

1. 有利于培养大学生健康的劳动习惯

大学生作为未来劳动者的一员，其自身的劳动习惯发挥着十分重要的作用。劳动价值观教育的影响，让劳动真真正正地成为一种习惯。以此提高大学生处理个人事务和自立自强的能力。习惯是逐渐养成的，劳动习惯，是个人在每次劳动前后固定的倾向性反应。

劳动价值观教育有助于培养大学生健康的劳动习惯，而劳动习惯是在多次和长期劳动中形成的行为方式。把大学生的价值观教育融入大学生人才培养的全过程，是进一步培养劳动习惯的基础。要想养成健康的劳动习惯，取决于大学生在思想上对劳动的认同，和在教育实践中的坚持不懈。

一方面，培养劳动习惯，以培养高水准技能人才为方向，通过劳动实践，劳动习惯上升到实操和职业技能的层面，使学生在专业领域懂得突出技术性，学会"为何劳动"和"如何劳动"的具体的认知问题。通过劳动价值观教育，可以激发大学生对劳动的认识，逐渐加深印象，产生热爱与尊重。

另一方面，从专业实习实训角度，激发学生的主体动机，形成良好的习惯后，可以强化学生的自信心和责任心，从而达到思想观念和技能教育的综合效果，推动劳动教育的落实，提高大学生劳动价值观教育的针对性。劳动习惯的好坏细微体现在学生吃苦耐劳层面。要以劳动价值观教育为主，以学生自身思想境界提高为辅，培养学生不怕吃苦，敢于奋斗的精神，建立大学生昂扬向上的生活态度。劳动价值观教育能够抵御日益富足的生活所带来的懒惰情绪和倦怠思想。

2. 有利于落实思想政治理论课立德树人的教育目标

思想政治理论课是大学生的必修课程，立德树人是劳动教育的内容，也是劳动价值观教育的道德目标，关系着大学生知识与思想进头脑的问题，让学生深刻感受到自己的劳动价值观关系社会主义建设，关系国家劳动教育事业发展。

一方面，可以让大学生认识到，新时代是催人奋进、成就自我价值、幸福快乐的新时代。鼓励大学生应该坚定理想信念，具备积极的劳动精神状态。通过思想政治理论课中的劳动理论教学、劳模案例谈感想，培养大学生知恩感恩、奉献社会的精神，在志愿服务、义务工作和社区服务等活动中，有效提升大学生形成有爱心、善良的道德品质。劳动价值观教育作为大学生思想政治教育的重要组成部分，对大学生形成强大的感染和推动力。

另一方面，在大学生的思想政治理论课中，实施开展劳动价值观教育的核心内容就是培育大学生对劳动的高度认同感、参与感和实践体会。而思想政治理论课帮助大学生树立健康的荣辱观，反对不劳而获的失信观，不断激励大学生，用真才实干谱写青春。劳动课程在教学内容上和精神实质上的融入与教育，会夯实思想政治理论课的教育目标，同时对大学生思想政治理论课教学内容的体系化和教学实效具有促进作用。

将"劳"作为人才培养的重要目标，体现新时代思想政治理论课对劳动价值观认识的深化。劳动价值观教育有助于提升思想政治教育内容，在实际生活中的有效思想性。劳动价值观教育和思想政治教育，两者协同育人的实践形式，塑造了积极健康的劳动观念文化和美好的教育环境。在理论课中纳入劳动价值观的教育核心和元素，重点把握劳动的本质和目标，突出价值观、情感态度、劳动习惯的培养，使得大学生能够充分把握思想政治理论课的实践教育性特征，使劳动价值观教育"活起来"，达到立德树人的教育目标。

3. 有利于大学生践行社会主义核心价值观

劳动价值观与社会主义核心价值观具有内在关联性。劳动从经济范畴到道德领域的转变，在社会主义核心价值观中能找到答案。青年大学生的价值观决定着未来社会的整个价值取向。在大学生群体中，进行劳动价值观教育本身就是社会主义核心价值观教育中不可或缺的环节。而劳动价值观教育有利于大学生践行社会主义核心价值观原因有以下两个方面：

一方面，劳动价值观教育与社会主义核心价值观在内容上有相互关联和融合的部分，两者互为前提与条件，大学生的劳动价值观教育越发展，就会产生越多的文化价值，劳动人民的生活越能得到改善，反之，离开实践的环境，社会主义核心价值观的发展会失去真理性。劳动价值观应同社会主义核心价值观保持一致。

另一方面，劳动价值观教育使得大学生在社会主义核心价值观的认同感方面有所提升。由于社会主义核心价值观融入，必须与大学生的精神、校园生活相联系，通过思想政治教育课的爱国主义教育的熏陶，有益于真心实意地爱国爱劳动。社会主义核心价值观的践行需要使大学生能全身心投入到社会主义现代化建设中去，此外社会主义核心价值观从不同维度对我国现在和将来计划做了概括，可以预见未来发展蓝图与对公民思想和行为的规范。

4. 有利于大学生实现社会主义现代化强国

社会主义现代化强国处于重要发展期，通过劳动，人们实现从"小康"到"全面小康"的变化，建设教育强国、现代化强国，需要牢牢依靠劳动群众。因此，加强劳动价值观教育，可以帮助大学生树立劳动情怀和工匠精神。唤醒学生对劳动的热爱，培养大学生有"德"的劳动价值观和有"技"的劳动专业技能的统一。这样的新时代大学生能够担当时代任务，强化责任意识，用自己的劳动信念和技术去为中华民族作奉献。全面建设社会主义现代化强国关键在中国共产党，这第二个百年奋斗目标也是每一个人为之拼搏的动力。

由于劳动是人类社会存在和进步的基石，将劳动价值观教育落实到各个环节中去，有利于大学生认识到劳动是联系着中国的未来，是人的立身根基，是强国有我的证明。中华民族的强国梦离不开每一位劳动者，每一位大学生的辛勤劳动。大学生劳动价值观教育与社会主义的方方面面要求分不开，那么提高国家生产力，是可以激发大学生的工作热情，改善他们的工作能力，解决他们的"不劳而得"和"劳而无功"的社会矛盾，从而使他们真正地分享劳动成果，获得劳动者的解放，从而为实现民族复兴的征途注入力量。

大学生劳动价值观教育就是要以马克思主义的劳动价值观为指引，指导大学生成为合格成功的社会主义接班人。引导大学生端正学习理念，勤于实践，踏实努力，在工作和生活中兢兢业业，诚实友善，形成爱劳动和爱祖国的辩证运动，发挥劳动意识形态的长效机制。劳动人才是国家、民族长远发展的大计。而科教兴国、乡村振兴、人才强国、脱贫攻坚、创新驱动发展战略和中国梦的实现都离不开高端和专业人才，大学生是打赢关键核心技术攻坚战的主力军，劳动价值观教育促进大学生有底气有信心，肩负实现自主创新事业的重任，胸怀深厚的家国情怀，为社会主义现代化强国作出贡献。

第二节 大学生劳动价值观教育的有效开展对策

大学生对自身劳动价值观的认同度，影响其就业的选择和对社会的贡献程度，是一项系统教育规划，可见有效开展劳动价值观教育需要人、社、家、校四方共同努力。

一、加强大学生个人劳动价值观理论教育

大学生作为新时代的劳动主力军，个人在自我教育的同时，先提高劳动认识，再把握劳动价值观原则，由于"外因只有通过内因才能起作用。"劳动的内发力关键在大学生自我去消化。热爱劳动，去发挥自身劳动价值观理论教育的优势。

（一）提升劳动价值观教育必要性认识

（1）提高自我教育的主动性。自我教育是自我意识的觉醒，是认识外部世界的主要手段。大学生良好劳动价值观的确立，关键在于大学生自身。大学生热爱劳动的心情和程度，固然离不开外在教育，积极加强自身的劳动教育和实践，通过感悟、内化、体验等方式进行自我改造。大学生应积极鼓励自己参与各种工作和实践，使自己在各种工作中变得坚强，增强对工作真正价值和作用的自觉认识与劳动体验，培养艰苦专注的意识和优秀的社会责任感，认真、勤奋、持之以恒地书写自己的人生价值观，从而真正确立劳动价值观。

通过劳动价值观教育，以文化为载体，提高自身素质，认识到自己是把握未来的主体，从思想上认识到付出劳动和观念革新在个人成长过程中的重要作用。让人类明白劳动促进共同富裕，即使是大学生也应该懂得，劳动是历史观的核心，劳动是最光荣的。

（2）激发自我参与劳动实践的自觉性。参与劳动实践活动的自觉性可以通过勤俭意识的培育、吃苦耐劳习惯的养成和爱国思想的引导。可以推测，参加劳动实习的学生既没有积极的劳动意识，也没有积极地、自觉地参加，这样的工作方式就无法持久地继续下去，所包含的思想政治工作职能就无法得到充分的体现。

提升自觉性，首先需要大学生调整学习状态。在教师价值观教育的时候，不要只联想枯燥的思想工作，要深入了解劳模工匠人物的教育作用，细致学习马克思主义劳动观经典教材，自觉反对消极价值观，把学习劳育思想作为充实生活的一部分。其次，发挥同辈效用，激励身边朋友发扬好的劳动观念。大学生会自觉选择优秀的劳动思想，反而会感到光

荣，培养理想判断能力和良好的"三观"，培养健康实际的社交技能。

（二）把握劳动价值观教育遵循的原则

教育活动的复杂性和教育对象的多元性决定，教育要想取得实质的成果，需要遵循教育规律。在劳动价值观教育过程中，教育者在解决问题时也要有所遵循，使得劳动价值观教育活动合乎规律性。

（1）坚持以理服人，以劳动实践为依托。怎么结合会使学生感到理解和参与，需要学生去探索劳动理论与劳动实践的接触点。从具体案例出发，如从大学生课程上，可以通过对社会劳动问题的分析，掌握其劳动发展和演变的基本原理与法则，对其进行准确的理论和方法的引导，是理论与劳动现实相结合的目标。

通过展现出大学生的劳动成果，可以理解大学生的劳动态度。紧密结合社会实践，对大学生进行马克思主义劳动价值理论教育，不仅在思想政治理论课中，其他专业课要根据学生的对劳动的态度和平时的探究活动，对大学生劳动行为进行再塑。原则是规律的反映，劳动价值观教育原则是大学生必须遵循的实践准则。劳动教育的原则体系可以按照中国特色化的方向，认清仅仅依靠劳动理论教育是不够的，因为价值观不是孤立不变的，把理论与实践作为服从劳动生存法则的基础，以使大学生建立人与自然、人与社会的联系，以正确的劳动思想规范行为，恰当地运用思想政治教育的文化功能。

（2）坚持传承优秀劳动思想，以创新为内驱。古往今来的很多关于劳动价值观教育的劳动文化和劳动经验等，其中正确的价值观思想，需要我们发扬。随着经济发展的"全球化"，人们的劳动观更加多元和具有世界视野，面临的劳动问题更加多样。在这样的背景下，单靠继承优秀传统劳动文化是不足的，要在继承的基础上海纳百川，将发展创新列入劳动范畴萃取精华。大学生劳动价值观教育继承与创新表现在目标、内容、途径三个方面。

首先，目标应该贴合高校对劳动人才要求，贴合社会主义的本质，贴合不同领域不同部门的计划。劳动目标也会随着不同的教育对象而不同，此时提高目标的多元化统一，深刻把握中国梦与劳动的连接点，在传承中华优秀劳动思想的基础上，以人的全面和谐发展为终极目标，建设祖国为现实目标，树立健康劳动人格为精神目标。

其次，内容应该要提炼以往关于劳动创造历史的丰富智慧结晶，也要根据党的不同阶段和新时代的实际，不断建构大学生劳动教育的内容。要充分体现人民的意志，将劳动观念、和谐劳动及劳动价值判断等纳入新的劳动价值观教育的内容体系。大学生劳动价值观教育途径的继承与创新。

最后，联系我党的劳动教育新的途径，劳动价值观教育也可借鉴。由于现在学生自主选择权多，可以选择的新媒体形式，新媒体可设置专栏的劳动教育，以达到宣传效果。

二、确保高校劳动价值观教育资源落实

高校是大学生劳动价值观教育的主阵地，高校在学生教育层面应发挥主导地位，以确保高校劳动价值观教育资源落实主要从课程角度，发挥思想政治理论课主渠道功能，开设劳动价值观相关教育课程，教学角度是建立完善的课内外教学践行机制，教师角度是加强劳模教师的示范功能，推动高校劳动文化的创设增添辅助效果。

（一）发挥思想政治理论课主渠道功能

好的课程，需要在教案、学分、教学设计与评价上下功夫。课堂教学有利于为思想政治理论课育人目标服务。

（1）将劳动价值观教育融入思想政治课案例教学、大课堂、课程标准中。选用技术行业和匠人行业的案例对大学生进行思想政治理论课教育，同时把劳动相关教材作为大学生的必修课的资源，联合劳动学专家，有机编写出可以深层次影响大学生劳动价值观、爱国主义和创新创业的新教材，教材中的典型案例，辅助大课堂，大课堂分为理论课堂和实践课堂。思想政治理论课堂是形成劳动价值观教育的现实场所，离不开完整的学时、劳动教育老师的配比和学生的劳动考核方式。结合小组讨论和研讨式学习模式，使思想政治理论课堂有滋有味。思想政治课程标准中，制定可培育劳动学科为重要素养的活动型学科课程，课程标准要尊重大学生的身心发展规律，让课程管理科学合理，回归对劳动价值观教育的情感重视，增强思想政治理论课实践工作的有效运行。

（2）政治理论课传播要变革创新。传统思想政治理论课重在立德树人，传播渠道主要有课程模式和网课模式，而新时代，高校在校园网站、校园公众号平台运营，从传播目标、模式以及途径上，着力推进劳动价值观教育与高校思想政治理论课的密切联系，从而不断提升劳动价值观教育在思想政治理论课传播方式内容的创新性发展。传播内容要从"教"转为"育"，"劳育"融入相关课程，达到全覆盖；不是简单直接地将劳动价值观教育作为单独章节加以讲授，而是在坚持劳动教育完整性的基础上系统阐释劳动价值观思想。

（二）开设劳动价值观相关教育课程

积极促进传统教学模式的时代转变成为重要内容。

一方面，利用劳动价值观教育课程与其他专业课程相配合，形成交叉效应。从劳动教育的角度出发，还可以将其与其他学科共建共享，并由此形成不同的课程分支，将劳动与不同学科的综合联系和有机统一。基于课程层面展开针对劳动教育更深层次的布局，使与劳动有关的知识能够更加深化和更加具有精神脉络，促进大学生劳动机能的有效提升，从而在劳动价值方面能够更加认同。

另一方面，将其完整地纳入课程教育体系，全面系统进行内容层次的研究、细分和重组。单一形态的劳动价值观教育难以实现全面发展，课程的研究上突出动态性，课程重组上可以扩展教育基地，将劳动课程纳入国家课程，使之成为拓展型课程，开阔学生的劳动知识视野，把劳动课程当作一个不断展开的动态过程，重视个体在课程实践中的体验，强调学习者通过各类专业实习、实训、创新创业等实践活动寻求劳动的意义。

（三）建立完善的课内外教学践行机制

劳动价值观教育的生命力不是宣传出来的，最终落脚点在实践机制上。单一、传统的教学方法只关注于课内，不能全方位体验劳动带来的快乐，但进入新时代，教学模式与时俱进，新的劳动教育形式的产生，达到教育的教、学、做合一，促进学生教学知识向能力懂得转化。

（1）课内运用多元模式的教学方法。

首先，夯实以学生为主线的劳动价值观教育理念。大学生价值观念目标的实现的前提基础是尊重大学生的主体地位，以他们的实际需求为导向。

其次，线上线下相结合的方式。新媒体时代的发展利于教学的实施，线上布置劳动作业，线下检验成果。网络的巨大承载量和鲜活的案例视频等满足大学生个性化与差异化的需求，同时线上线下双结合的教学方式，有利于解除大学生内心存在的思想戒备，营造出更加舒适、轻松、自由的价值观教育环境。但是教师在教学实践中要防止交互场景的虚化带来的弊端，互联网虚拟环境的制约下，认知会产生固化，行为逐渐僵化。

（2）课外扩展丰富的教学平台。由于"手脑分离，重学轻做"的现状，让学生参与社会组织的各种形式的劳动，提升大学生的学习能力、适应能力和完善劳动素养，对以后的就业和择业产生积极作用。因此注重第二课堂的建设。第二课堂是相较于普通教学课堂之外的，以空间范围广、教学内容不限于书本等特点开展的。

（四）加强劳模教师的示范功能

大学生的价值观念的形成离不开榜样行为的指引。劳动模范可以作为高校教师队伍的一员，宣传自己的劳模故事，使得大学生近距离感受劳动精神，全面培养深厚的劳动观念。

加强劳模教师的示范功能从以下两个途径展开：

（1）劳模教师应该传授系统的劳动理论和动态的劳动观。劳模教师要以真诚的态度去定位劳动，把主体意识运用到劳动价值观教育的全过程。

（2）示范引领大学生为国做奉献，担任技术型人才。劳模教师的行为深刻体现了中国人民所具有的精益求精、伟大创造、为国科研的精神，感动中国系列人物（教师篇）、五一劳动节（劳模教师）、全国教书育人楷模等，他们的先进事迹值得学习。劳模教师为广大学生创造美好的未来幸福生活打下基础，而在教育过程中的基本态度、价值理念尤为重要。

一方面，教师聚焦国家政策，落实技术技能人才培养。教师以大数据、云计算、人工智能为新选择，未来需要以创造性的劳动价值观教育为重点。大学生的就业形势也随着新一轮科技革命和产业革命深入发展，对劳动者的技能素质提出了高要求。

另一方面，示范教师在教学过程中要突出"劳动+技术"教育双结合模式。劳动价值观教育知识是专业技能的基础，在大学本科专业目录里，农学、医学、工学等领域，表现出了极强的技能与劳动价值观教育的特征，劳动模范有着超高熟练的技能水平，同时专业思维的灵活性，在知识的继承与扩展中得到完美的运用。

（五）推动高校劳动文化的创设

现阶段的高校，在劳动文化的建设方面做得不是很多，文化创建流于表面，但随着国家的重视，高校关于劳动新的文化样式不断涌现。劳动创造一切，文化也在其中。新时代的劳动文化，包含劳动为内、文化为外的逻辑。高校劳动文化建设涉及校园管理、校园形象、教职员工、校园文化活动等方方面面，为此，打造校园里的隐形还是有形的载体，利于发挥劳动文化的凝聚价值。

（1）劳动文化融入校园文化建设。高校要充分挖掘和阐发校园文化的育人因素，形成人人热爱劳动的校园文化。高校建设让劳动文化成为大众文化，劳动大众的精神需求，融入地方特色，挖掘地区背后的特色劳动基地，促进大学生思考劳动的意义，自觉参加劳动实践。高校还应该注重志愿劳动文化的养成。指导班干部带头活动，使得大学生的劳动遍布各个领域，在扶贫支教、社会救助、参与重大自然灾害的救助、养老院、学生互助与帮扶等方面发挥着重要作用，显示了我国大学生的使命担当的渗透性。在校园垃圾分类、社区帮困下自觉践行将促进文明校园建设。

（2）校园媒体为载体，利用校园阵地，宣传劳动价值观教育。学校可以通过现代化信息技术手段，重现中国共产党百年奋斗历程，宣传先进劳动者事迹，让学生重温历史。高校建设安全和谐的网络空间环境，让一些懂技术、懂劳动的教师，化解大学生错误思想，切勿走向诈骗等错误道路。高校开设"与劳模面对面"的网课，可以利用校园的广播、海报和微信公众号进行宣传，"00后"的大学生，网络敏感度较高，校园虚拟环境会冲击大学生的劳动观，建设集趣味性、思想性、服务性于一体的网站，发表一些与劳动相关的活动和实践图片，增强劳动最美丽的价值理念的舆论导向。

三、家庭在言传身教中践行劳动价值观

家庭与孩子的劳动价值观密切相关，家庭成员的文化底蕴、家风教育、行为模式和人生境界等显而易见体现在孩子的劳动状态上，通过家庭破解教育难题，开发家庭资源，让家庭成为大学生人生历程的第一所学校。要充分发挥家庭的辅助功能，对大学生形成良好的劳动品质起着十分重要的作用，因此劳动价值观教育亟须回归家庭。

（一）更新家长思想观念，摒弃错误认知

随着全球智能技术和工业4.0的发展，发现人们工作的基本形态发生"极"的变化，服务行业凸显，有许多新兴产业出现。对一些"铁饭碗"的工作一直备受家长的青睐，但部分孩子更偏向于创新型工作。因此家长的正确思想不可缺位，要跟随时代更新，在家庭生活中转变孩子传统的劳动观念。

家长打破以成绩为目，轻视劳动教育是处罚孩子的固定思想。参与家庭劳动活动，可以外在牵引孩子内在的消极听天由命情绪，引导孩子改善非认知能力，激励子女在家庭、工作中的外倾力和开放程度。家长要及时更新劳动教育的理念，着重发挥家庭劳动教育的基础性作用，让学生从小承担家庭的各式劳动，端正他们的劳动态度，提升他们的劳动素养。

家长要正确看待体力劳动和脑力劳动的关系，才能在劳动价值观的培育、专业选择、工作价值等方面积极正确引导孩子。在日常的交流中帮助孩子树立积极的劳动观，培养健康人格。家长也要积极配合学校教育，完成学校布置的劳动任务，杜绝采用金钱和手机的方法来鼓励孩子进行劳动的行为。

（二）树立良好榜样，营造优良家风

从心理学角度来看，社会上的人，他的行为养成在一定程度是可以通过模仿的。而家

风的中坚作用会促进学生遵循家庭教育的法则，热爱规则。子女是家庭的继承人，良好和谐的家风会促进孩子成长成才。

父母要成为孩子的劳动榜样，发挥言传身教的功能。注重家庭家教家风建设，优良家风助力大学生确立劳动习惯。家庭的前途命运同国家和民族的前途命运紧密相连，在内容上，家长的劳动价值观教育应该包含家庭家务教育、学生职业规划教育、个性化家风教育。在思想上，家长汲取劳动力量，固本培元，发挥劳动解放到劳动幸福的转变优势，把自己看作强国建设的一员，这样会把正确评判传递给自己的孩子。家长通过自己的实实在在劳动获得幸福和踏实感，在困难面前不退缩，合法合理获得劳动报酬，家风的结果性影响，会成为学生自主劳动的推动力，这是家风下榜样的作用。

（三）优化家庭环境，重视家庭建设

个人成长的环境部分源于家庭环境，失去家庭劳动锻炼的机会，大学生会缺乏艰苦奋斗的精神。优化家庭环境、构建和谐友爱的家庭氛围是孩子劳动习惯培养的保护罩。

家庭成员，尤其是长辈之间要处理好劳动关系，因为教育的结果部分源于家庭经济基础和家庭背景，实证研究表明，家长的经济和文化投资对学生的教育有正向影响，家长参与是一种情感的连接。家庭环境，是孩子的成长环境，少用物质奖励孩子做家务劳动，少输出课业成绩的固化思想，把重复机械的劳动转化为教育的方式，构建一个和谐的家庭环境，家长要让家庭充满爱，点燃子女心中劳动之火，让孩子在劳动获得后，对自身道德和公益心复归。

全力推进家庭建设。一方面，联合学校、社区对家长进行劳动观念的教育，定期举办主题讲座。劳育是德、智、体、美、劳中的一项，不要把劳育与德育对立起来。家庭中不要把劳动当成处罚孩子的手段，可以把劳动与国家发展联系起来，增强孩子热爱劳动的理念；另一方面，落实家庭建设中劳动时间。家长要严格制定劳动时间，在孩子能力允许范围内设置，太长容易产生逆反情绪，太短达不到效果，同时进行监督与督促，将习惯坚持下去，长久以往对孩子劳动价值观起到很好的促进效果。

四、营造社会支持劳动价值观教育的氛围

人与社会是不可分的，社会的全面发展会促进人的全面发展。人是社会环境的产物。大学生正确劳动观念和健康劳动行为是培育社会氛围的重要托举。在社会主义社会，所有人必须劳动，人的劳动是贯穿社会的主线，人在什么样的环境下劳动会产生什么样的价值取向。因此营造良好的社会氛围，是进行劳动价值观教育的必然要求。

（一）积极弘扬劳动、劳模、工匠精神

社会在弘扬劳动价值观方面应该加大力度，扩宽渠道。网络时代的门槛较低，近些年来，新兴直播等形式，正在逐步扩大范围，不分年龄层次，赚钱的速度较快，回报率高，无形中会形成"不劳而获、一夜暴富"的观念，使得人们的价值观出现偏颇。

（1）社会营造劳动光荣的风尚，社会各个领域加强劳动、劳模、工匠精神传播。社会公共领域设计劳动文化长廊，宣传大国工匠和劳动模范的典型事迹，打造出劳动特色的社会文化，建立专题展览和劳动大师工作室，加强劳动宣传教育活动。加快推进社会诚信建设，打击不道德和违法违规行为，戒除社会不良浮躁之风，增强新时代大学生的自豪感和获得感。社会组织丰富多彩的活动，社会要警惕消费主义的不良影响，力图结合社会大舞台，让学生理解劳动精神。传播三种精神还需借助政府的主导力量，政府出台社企校合作政策，破除唯学历的狭隘就业指标，使大学生由"被动劳动"变"职业主动"。

（2）社会提供创新创业的平台，满足劳动者的发展需要。利用工会组织等社会资源，建设劳动工作室，以劳动、技能工匠为指导师，结合不同专业的大学生，扩展创新劳动的广度，给劳动者带来实实在在、满满当当的获得感、幸福感、安全感。在现代生产方式下，劳动者的心理压力增加，焦虑、厌世现象时有发生，社会需要及时关注大学生的心理健康情况，做好调研与采取有针对性的措施。最终提高大学生的创新性劳动能力，全社会提供支持青年的有利条件，大学生应该在创新创业平台中充分提升自己对新产业和新技术的认知。

（二）加强网络监管，优化社会环境

社会各界在努力创建健康网络平台，现代化健康的网络环境对大学生的成长与发展发挥着重要的熏陶作用。

（1）社会充分发挥"互联网+劳动价值观教育"等新媒介作用。互联网与教育深度融合，人工智能时代需要对劳动价值观进行新的定位。政府是制定劳动价值观内涵的主导者和顶层设计者，利用文化职能，在新闻、出版、App客户端等领域广泛宣传身边好人、劳动模范等典型案例，推动劳动思想入小入微。新闻媒体以小见大，在日常生活中充分挖掘普通劳动者的平凡故事，切记勿宣传完美化、极致化的劳动人物形象。

（2）党和政府要严肃对待网络舆论，强化互联网平台的监管与引导作用。

首先，对各种网络上、新媒体平台上，凡是恶化丑化劳动价值观理念的消息一律纳入失信名单。据调查，网络舆论的研究领域涉及劳动价值观的较少，学者主要把重点放在公共事

件上进行研究。但党和政府的态度与做法也很重要，政府应该调研劳动价值观的现状，建设以正确劳动价值观为主导的网络舆论，让网民在网络视域下认知劳动与政府，劳动与社会，劳动与党的有机结合，有效抵御西方资本劳动价值观意识形态的攻击。政府与高校之间进行劳动价值观教育管理的消息互通，打造一条链接大学生价值观培养的教育传播链。

其次，互联网的监管具体通过完善相关涉及劳动价值观教育的网络政策和法规，按照规定惩戒拥有不良劳动思想的大学生来进行。创新监管方式，为劳动价值观教育的发展，制定政府为主的权责清单明细，加大互联网监管人员配置，对短视频 App 中轻视劳动，渲染懒惰的劳动观进行规制，通过立法提高监管和引导力度，才能创造和激励热爱劳动的社会环境。

（三）全面保障劳动者的合法权益

徐特立在劳动公德教育方面，呼吁人们把"爱劳动"作为公德内容的一部分，诉求劳动态度的改变和劳动权保证的同等地位。大学生作为即将步入社会的劳动者，是推进社会进步的坚实力量，保障其合法权益是构建和谐社会的重要环节。

一方面，国家通过强固的顶层设计去保证劳动者尊严，维护社会公平正义。全面保障劳动者权益是民生问题，也是人社工作话题，大至改革治国，小至柴米油盐。若辛苦劳动的报酬受到侵害，劳动者会认为劳有所获的观念是欺骗性的，因此要规范企业与员工的劳动关系，宣传劳动法相关规则，使大学生有法维权，或以简洁易懂的语言进行手机消息推送，给劳动者带来实实在在的获得感、幸福感、安全感。

另一方面，企业完善劳动相关的规则制度，联合社区和高校提供的劳动资源来搭建合作平台。针对即将毕业大学生开展有关职业健康与身体安全保护的讲座，提高大学生维权的意识，保护合法经济利益。社会给予劳动者人文关怀，使得大学生更快适应新技术新业态新技术的发展，制订困难大学生的帮扶计划。

第三节　人工智能时代人类劳动价值观的变革思考

随着人工智能时代的到来，人类对劳动的价值认知也在发生着深刻的变化。这与资本自身的广泛渗透有着密切的关系，众所周知，资本具有两面性，一方面，资本带来生产力的极大发展；另一方面，资本带来普遍的相对贫困化、劳动的异化。同样，资本主义文化价值观念也具有两面性：一方面，它激发出人的主体能动性，促进人与社会的发展；另一方面，它也进一步加深了人的异化，使人片面发展。在这种情况下，人工智能时代恰恰提供了使劳动更加符合人的内在需要的新契机。为了抓住这个契机，人们需要改变劳动功利主义价值观，确立劳动幸福价值观。

一、劳动价值观上的功利主义及其表现

功利主义是一种伦理思潮，所谓"功利原则"是指对某个行为的评价主要基于该行为是增多还是减少当事者的幸福。功利原则也被称为最大幸福原理。最大幸福原理追求的是效用最大化，换言之，功利主义强调的是事物的有用性，并以效用作为衡量一切事物的价值尺度，追求现实利益的最大化。

人们关于劳动的观念与社会的发展阶段密切相关。在不同的社会生产力水平之下，人们具有不同的劳动价值观。在工业社会之前，由于生产力水平较低，劳动主要是指体力劳动，人们对于劳动的认可主要是基于对其物质性、实用性价值的承认，再加之整个资本主义文化价值系统中的功利主义倾向，直接导致了人们在劳动价值观上的功利主义。

劳动作为外在目的的手段价值，创造了巨大的物质财富，但如果片面地强调劳动的实用性，而看不到劳动对人类生存与发展的其他价值，人们对劳动价值的认识和判断上的偏差严重影响了人们的劳动行为，具体来说，主要有以下三种错误观念：

其一，将劳动分为三六九等，以利益获取的多少作为评价劳动的准则。有许多人会轻视那些辛苦的、不能带来很多利益的劳动，这里的利益不仅包括物质利益，还包括名利、地位、荣誉等。

其二，在能够满足基本生存需要的情况下逃避劳动，视劳动为苦差，认为不劳动才是幸福。劳动既具有辛劳的一面，也有展现人的属人属性的一面。只看到劳动的辛苦而看不到劳动的属人属性，这样的观念有失偏颇。

其三，追求物质利益的最大化，不劳而获的心态日益滋生。当利益获取的多寡成为衡量劳动的准则、对物质利益的追求成为劳动的最终目的时，人们会更加看重物质利益结果，而不管获取物质利益的过程。

以上三种错误的观念显然将劳动的价值外在化，只强调劳动的财富创造方面的工具价值，而没有看到劳动过程本身对人的价值实现、对人的类本质确证、对人的属人属性的丰富等所具有的独特目的性价值。

二、人工智能的发展对劳动功利主义价值观构成挑战

科学技术的发展极大地推动了社会生产力的发展，从而使人类生存的各个方面发生了

深刻的变革。人工智能自1956年被正式提出以来，在短短几十年内就取得了丰硕的成果。尤其是进入21世纪的第二个十年之后，人工智能迎来爆发式增长。我们正在被卷入一场智能革命之中，这场革命具有前所未有的巨大能量，它将开启新的智能文明。随着人工智能革命的不断展开，人类越来越以信息方式存在，人类的劳动也将达到新的发展水平。一方面，人们获得了实现劳动解放的客观物质条件。人工智能的发展既可以为人们创造出大量的物质财富，又能尽可能多地降低社会必要劳动时间，从而为人们迈入以人的发展为根本目的的"自由王国"创造了现实的条件。更为重要的是，人的信息存在方式使人类超越了物质和能量的自然限制，在一个更高的存在层次上通过信息实现对物质和能量的合理控制。另一方面，人类的劳动将越来越是一种信息创构活动，人的创造性特质将获得实现。随着智能革命的不断展开，信息的重要性得以凸显，虽然物能仍是人类社会存在与发展的基础，但信息越来越成为驱动社会发展的根本力量。人类劳动也从物能性劳动转向信息性劳动。也就是说，越来越多的人将从事信息性劳动，在大数据和人工智能集体进化的基础上，信息性劳动的创造性得以凸显，劳动越来越从常规劳动转向创新劳动。简而言之，人工智能的发展要求人类的劳动越来越具有创新性，在此过程中，有利于人的创造性特质获得实现。

可以看出，人工智能的发展将引发人类劳动的深刻变革，人类的劳动发展面临着前所未有的机遇。然而，在现有的劳动功利主义价值观之下，人工智能的发展反而对个体的谋生劳动造成冲击，进而对人类的生存意义、主体性以及生存本身构成深层次挑战。与其他技术相比，人工智能所造成的失业风险是空前的。从人工智能对人类谋生劳动取代的范围来说，人工智能的发展可能造成大范围失业。普通机器对人类劳动的取代是有限的，它只能部分取代人的体力劳动，整个生产体系仍然离不开人的参与，同时资本增殖的本性将会催生出越来越多的人类劳动形式。然而，人工智能对人类劳动的取代却是无限的。目前，专用人工智能因运转速度快、不易出错、不易受外界干扰等优势在生产和生活中被广泛运用。智能机器通过深度学习算法可以自主学习，并通过分析和处理各种复杂的数据形成认知与进行决策，因而人工智能算法可以取代各种程式化、模块化、常规性的体力劳动和脑力劳动。

随着专用人工智能向通用人工智能发展，人类谋生劳动将被大范围取代。即使在此过程中创造出一些新的岗位，数量也十分有限，同时这些岗位需要人机协作，要求劳动者具备更高的专业技能以及更多的创造性。也就是说，人工智能的发展将使人类面临空前的失业风险。就人工智能对人类谋生劳动影响的深度而言，人工智能的发展可能造成对人的根本性替代。工业的机械化生产虽然减少了人工的使用量，但人的活劳动仍然是机器体系的一部分，即机器体系对人的排挤并不是根本性的，机器体系的运转仍然离不开人的操作，人仍然具有机器不可替代的身心能力。但人工智能对人的替代却可能不仅仅是工具性的，而是根本性的。当人工智能的深度学习算法可以使机器不断获取新的知识后，机器的智能就可以不断发展，从而具有无限潜力。强人工智能有可能发展成为一个自组织系统，由机器控制机器，从而将人类完全排挤出生产体系。

由此，人工智能将对人的生存意义和价值构成挑战。当然，人工智能对个体的生存意义和对人类的生存意义所引发的挑战是不一样的。对个体来说，人工智能的大量引入可能导致个体工作机会的丧失，进而使其价值无法真正得以实现。对于人类来说，人工智能的引入可以大大解放人类劳动，特别是帮助人类摆脱那些显著的危险性和折磨性劳动。但人工智能在促进人类解放的同时，也给人类的自身发展带来挑战。例如，大量的体力劳动被机器替代之后，未来的人类在生理结构上可能发生一定的变化。在个体意义上，纯粹的劳动功利主义则会带来许多心理和社会问题。没有工作机会的状态必然不是绝大多数人真正向往的生存状态。多数人仍然希望有工作机会，希望通过劳动的参与实现自我成就人生。在人类意义上，纯粹的劳动功利主义会带来人类的畸形发展，偏离马克思所设想的人的自由而全面发展的轨道。也就是说，在劳动功利主义价值观之下，人工智能的发展将对人的生存价值构成深层次挑战。

其一，人工智能的发展可能造成人类生存意义的失落。上千年来，由于生产力水平有限、物质资源匮乏，人类为了生存繁衍而忙碌辛劳一生。虽然这是一种压抑、片面的异化生存状态，但至少人的生存意义是不言自明的，即人从一生下来就注定要为自己的生存而付出劳动。也就是说，谋生性质的劳动为人类生存提供了意义，正是人类不断发展的劳动能力创造出大量的物质财富，促进生产力的发展。当人工智能的类人程度越来越高，达到通用人工智能甚至强人工智能水平时，此时的人工智能几乎完全可以取代人类从事物质生产领域的劳动。这意味着人类整体的生存在人工智能的协作下已经不再需要过多的人类体力耗费和脑力劳作，按照马克思的设想，从过度的劳动中解放出来的人拥有了自由劳动的物质条件。然而，对于长期为了获得生存条件而持劳动功利主义价值观的人类来说，这可能不是解放而是灾难。当人们不再需要谋生，劳动所具有的物质价值和经济价值就不复存在，奠基于其上的人类生存意义也就荡然无存。

其二，人工智能的发展可能使人彻底丧失自身的类特性。当人工智能发展到一定程度，其可能完全取代人类从事物质生产领域的劳动，此时，人们就能从必要劳动中解放出来，获得自由劳动的条件。应该说，人类正是通过劳动为自然立法，在自然界中确立了自身的主体地位。人之所以成为主体，就在于人的活动是自由自觉的（自由自觉的劳动是人作为类存在物，区别于动物的特性）。然而，如果按照当前劳动功利主义价值观的观点，劳动给人们带来痛苦，不劳动才是一种幸福。这样一来，一旦人不再需要进行必要劳动，那么人很可能会选择不劳动，从而丧失自身的类特性。与此同时，当人工智能可以比人作出更合理的决策时，人类很可能会过度依赖人工智能，把一切都交给人工智能管理，如此，人的自我意识和主体性原则将进一步变得同质化、片面化和标准化。也就是说，技术在弥补人类体力劳动和脑力劳动不足的过程中，可能造成人原本能力的退化。人类很可能会彻底依赖人工智能的供养，从而"饱食终日，无所事事"。总之，在劳动功利主义价值观之下，人们追求劳动解放，进行自由劳动、创造性劳动的动力和能力会不足，从而可能会在"无所事事"中完全退化到动物的生存水平。

其三，人工智能的发展可能使大部分人沦为"无用阶级"，扩大不同阶层之间的差距。在劳动功利主义价值观视域下，人工智能的发展将逐渐消解人类传统意义上的生存意义和价值。一方面，劳动功利主义价值观强调劳动的手段价值、工具价值、物质价值、经济价值，而人工智能的发展可能降低这些传统价值，进而消解人类依托其上的生存意义。另一方面，在劳动功利主义价值观之下，一旦人工智能可以完全替代人类从事物质生产活动，人们无须纯粹为了生存需要而劳动时，有些人很可能会放弃劳动，整日沉迷于享受当中，从而进一步沦为依附于智能机器体系的寄生物，沉迷于动物性的快乐而彻底丧失人类的特性。此外，劳动功利主义还加深了人与人之间的不平等和对立，人工智能的发展更会使人与人之间、不同的阶层之间产生不可逾越的鸿沟。简而言之，人工智能的发展对人类现有的劳动功利主义价值观构成挑战。

三、人工智能时代需要塑造劳动幸福价值观

人们的劳动观念往往取决于劳动现实的发展水平，劳动功利主义价值观符合工业时代的劳动发展状态。随着智能革命的不断展开，新一代人工智能的发展使人们开始进入信息文明的智能化发展阶段——人工智能时代。在人工智能时代，人类劳动将发展到一个新的水平。与此同时，人们现有的劳动价值观将受到冲击，新的劳动价值观需要重新确立。正如工业时代劳动价值观完全颠覆了农业时代的劳动价值观，人工智能时代的劳动价值观也将发生彻底的变革。然而，新的劳动价值观的确立并不是一蹴而就的，现有的劳动价值观总是会顽固地阻碍观念的变革，进而阻碍社会的发展。也就是说，现有的劳动功利主义价值观已经无法适应甚至会阻碍人工智能时代的社会发展。在劳动功利主义价值观视域下，人工智能的发展带来的不是劳动解放与劳动幸福，而是一部分人的生存价值与意义的丧失并沦为"无用阶级"。因而我们应主动变革人们的劳动价值观，更好地把握人工智能革命

的发展机遇，促进每个人的自由而全面发展。

在人工智能时代，人们的劳动观念变革是全方位的。一方面，要正确认知劳动的积极性和消极性及其辩证关系。夸大劳动的消极性，只看到劳动的消极性，在劳动消极性面前退缩、逃避、任性，都是不合理的劳动观念。要利用人自身独有的属人属性去消解消极性，从而使劳动的人性元素更加丰富多样，最终展现出劳动幸福。另一方面，要正确认识人工智能在人类生存意义上对劳动消极性的消解价值（促进劳动解放）与在个体生存意义上对劳动积极性的价值消解（剥夺劳动机会）之间的辩证关系。个体只有投入劳动现场中才能展现人的价值，并实现劳动幸福。而大量人工智能的运用却减少了个体投入劳动的机会。于是，个体需要用重新学习、终身学习、自我完善来应对。这需要人对劳动准备（教育和培训）过程有新的认知。

此外，劳动涉及最广泛的社会关系，需要有良好的社会治理做保障。与人工智能时代相适应的劳动治理新型观念是必不可少的，例如，大数据的广泛运用可以有效提供劳动岗位需求信息，及时加强劳动力结构的宏观政策调控。劳动治理将成为社会治理现代化的重要体现。尤其是在人工智能的影响下，个体需要进行劳动岗位转换，社会治理者需要进行有效跟进，因而在教育和培训资源配置方面需要作出必要的调整与重新规划，而且这样的动态变化将成为社会治理的常态。

在马克思看来，劳动确证人的类本质，是人本质力量的对象化展示。正是劳动使人从自然界脱离出来，创造出丰富的物质世界和精神世界。劳动不仅具有外在的手段和工具价值，更具有内在的目的价值，其本身就是人的存在方式，其发展水平决定了人性的发展水平。也就是说，自由自觉的劳动是人所欲求的内在目的，也是人之为人的内在需要。在确证人的本质劳动活动中，人们感受到幸福、愉悦，因而"劳动幸福是劳动作为人的类本质所蕴含的自然逻辑假设"。根据这一观点，劳动绝不是只有物质、经济、手段价值，而是与人的类本质直接关联，是人的存在方式和内在需要，应该成为最终的目的。正是在这个意义上，劳动与幸福应该是统一的，幸福的感受应贯穿于劳动的整个过程。当然，在现实社会中由于种种因素，劳动可能出现异化，即劳动与人的幸福出现实际的背离。人们在异化的劳动中感受不到劳动的幸福，反而感到痛苦和折磨。

在人工智能时代，人类需要重新塑造劳动幸福价值观，充分利用人工智能对劳动消极性和否定性（即劳动折磨性、单调性和危险性等）所带来的不幸福感进行消解。所谓劳动幸福价值观，即要认识到劳动对人类生存与发展的本真意义，认识到劳动创造人、成就人的本体价值，认识到劳动是幸福的唯一源泉，主动追求自由自觉的创造性劳动，在劳动活动中感到享受、愉悦，并积极通过劳动实现自我。劳动幸福价值观既符合人工智能时代社会发展的要求，也满足人的类特性实现的需要。可见，从劳动功利主义走向劳动幸福，是人工智能时代劳动价值观变革的必然趋向。

其一，通过塑造劳动幸福价值观，人们可以充分利用人工智能创造出的物质成果和自由时间发展自身。作为自然存在物，人的生存离不开物质基础，为了生存，人必须要进行物质生产，物质生产领域是人类生存的"必然王国"。也就是说，为了维持人类整体的生存与发展，总是有一部分人要从事艰苦、繁重、片面的物质生产活动，而这种谋生性质的活动实际上是压抑、摧残人性的。随着科学技术的发展，物质生产的自动化、智能化使越来越多的人从物质生产劳动中解脱出来，同时随着社会生产效率的提升，人类整体在物质生产领域花费的社会必要劳动时间越来越少，自由时间越来越多，真正的自由王国逐渐成为现实。然而，在劳动功利主义价值观下，部分人认为劳动只是谋生的手段，如果不用劳动也能获得良好的生活条件，那么人们将会彻底放弃劳动，沉迷于物质享受。也就是说，即使人工智能能创造出大量的自由时间，这些人也没有发展自身的动力。与之不同的是，劳动幸福价值观强调劳动成就人、创造人的本体价值，即人需要通过劳动不断丰富与发展自己。幸福不会从天而降，而是奋斗出来的，即只有劳动才能创造幸福。人类正是通过劳动不断超越现实，创造出辉煌灿烂的人类文明。就劳动对人的历史生成而言，劳动不只是谋生的手段，而是目的本身。通过塑造劳动幸福价值观，人们可以意识到劳动对人类生存与发展的本真意义，从而充分利用人工智能所创造出的物质成果和自由时间发展自身。

其二，通过塑造劳动幸福价值观，可以激发主体进行创造性劳动的内在动力，实现自身的创造性类特质。随着信息文明发展到智能化阶段，越来越多的人将从事信息创构活动。一方面，大部分常规的、重复的、程式化的脑力劳动都将被人工智能取代；另一方面，作为信息方式存在的人越来越多。应该说，信息创构活动就是一种创造性劳动。在马克思看来，创造性劳动是最符合人本性的活动，人只有在创造性劳动中，才能确证人的本质力量，进而感受到自己作为人的类特性。在创造性劳动中，人们不仅可以实现生存的意义与价值，还能获得精神上的享受和愉悦。然而，劳动功利主义价值观强调劳动的物质和经济价值，即人们的劳动是获取物质财富的手段，资本为了尽可能多地攫取剩余价值，将劳动完全吸纳到机器体系之中，人们的劳动丧失了内容，异化程度大大加深。在这种情况之下，人们进行创造性劳动的动力和能力将变得不足，因而信息创构活动不一定成为大多数人的必然选择。如此，人类迎来的可能只是全面退化、无所事事的黯淡未来。只有自由劳动才是幸福的劳动。因而劳动幸福价值观强调，能给人带来幸福的劳动一定是能够发挥主体创造性的自由劳动。通过塑造劳动幸福价值观，劳动主体可以意识到创造性劳动的重要性，进而主动追求创造性劳动，提升自己的创造能力，实现自身的创造性类特质。

其三，通过塑造劳动幸福价值观，可以充分利用智能革命的发展契机，实现每个人的劳动幸福。在人工智能时代，人工智能的发展进一步实现了物质生产的智能化与无人化，为人类整体的劳动解放提供了契机。专用人工智能是工具性的存在，可以承担人类整体自由发展过程中的低端不自由的劳动，其在各行各业的专业系列布局使人类能从劳动细化分工中解放出来；而通用人工智能的进化可以获得一定的自主性，通过与各层次专用人工智能的结合，形成真正的无人工厂，从而构成人类自由发展的基础条件。应该说，人工智能的发展揭示了人类劳动解放的具体路径，为全人类的自由劳动创造了条件。人工智能的发展使所有人从具有谋生性质的劳动中解放出来成为可能，进而人们可以在自由劳动中获得劳动幸福。劳动幸福价值观强调所有诚实劳动、辛勤劳动、创造性劳动的无差别性和平等性，强调劳动幸福的实现在于创造性的自由劳动。更重要的是，由于劳动是人之为人的类本质，劳动幸福就是每个人"与生俱来"的权利，真正的劳动幸福是社会整体的发展状态，因此，劳动幸福价值观要求实现每个人的劳动幸福，在此意义上，通过塑造劳动幸福价值观，我们可以充分利用人工智能的发展契机，进而获得劳动幸福的普遍实现。

综上，在人工智能时代塑造劳动幸福价值观，一方面，我们可以有效应对人工智能的发展对人类生存价值构成的挑战；另一方面，我们可以充分利用人工智能的发展契机，促进人与社会的发展。在劳动幸福价值观视域下，人工智能最大限度地消解了劳动的谋生性，提升了劳动的积极性，以特有的方式提升人的存在价值，并把真正的属人属性还给人。人工智能促进人们摆脱片面的、痛苦的异化劳动，可以真正开始通过自由劳动发挥创造性，从而获得自身的类特质。如此，每个人都能够按照自身的本性去自由劳动，表现自己的本质力量，实现劳动幸福，因此，在总体上，人工智能对人类劳动幸福的促进作用是不言而喻的。人类要用自己的智慧积极地应对人工智能给人类及其劳动带来的各种挑战，从而更充分地展现劳动的积极性，消解劳动的消极性。劳动幸福永远没有终点，只能表现于劳动的积极性不断上升和消极性不断被消解的矛盾运动过程中。

第四章　大学生劳动教育课程建设及其创新思考

第一节　劳动教育课程建设的重要价值与理性回归

新时代劳动教育在地位逐步提升的同时，急切需要推行劳动教育课程化。只有建立和完善劳动教育课程体系，才能推动劳动教育的有效实施，进而扭转劳动教育价值被遮蔽的困局。

一、劳动教育课程建设的重要价值

（一）劳动教育课程建设的育人价值

劳动教育课程建设应将育人置于中心地位，它是课程建设的首要价值。"全息"一词源于物理学，是指对象之间彼此涵盖着所有的信息，近年来被学者用于教育领域的问题研究。按照这个逻辑进行延伸，劳动教育与德育、智育、体育、美育这"四育"之间的信息彼此涵盖、相互促进则是劳动教育的"全息"，也是"五育融合"的本质内涵。通过劳动教育培养学生思想品德、增长学生的知识与智力、锻炼学生的体魄、发展学生"发现美—感受美—鉴赏美"的能力是"全息"育人的价值所在。

1. 通过劳动教育培养学生的思想品德

劳动教育涵盖的内容十分广泛，具有德育的功能，主要体现为引导学生热爱劳动、树立劳动观念、培养劳动品质、珍视劳动成果、注重道德修养。但是说教法收效甚微，因此劳动教育可以作为德育的一种形式。基于学生的身心发展规律，学校可以组织劳动实践活动，开设劳动技术实践课程，利用劳动教育基地培养学生的劳动意识，让学生在活动中养成劳动习惯。只有将内部的道德修养和外部的道德影响联系起来相互促进，才能更好地促进学生品德的形成。可见，劳动教育之于德育，既可以作为德育的内容，也可以作为德育的形式。劳动教育课程具有"以劳育人"的价值。

2. 通过劳动教育增长学生的知识与能力

劳动教育之于智育，既可以作为智育的重要部分，可以是实施智育的主要手段。一方面，劳动教育是智育的补充。个体在社会生产与实践活动中所需要的生产知识和生产技能正是由劳动教育所提供的。因此，劳动教育课程提高了学习者对生产过程的理解程度和劳动技能的熟练程度，从这个层面来讲，劳动教育是智育内容的补充。另一方面，劳动教育也是实施智育的主要途径。实践离不开现实生活与劳动活动，能够让学生将所学知识应用于实践活动，这是知识在实践中具体化的过程。这一过程能够帮助学生更加深入地理解知识，更好地帮助学生进行知识的迁移，有助于学生在完成"表现性任务"的过程中将科学知识应用于生活世界，沟通科学世界与生活世界。

3. 通过劳动教育增强学生的体力与体魄

如果说将劳动教育中的脑力劳动看作智育的体现，那么劳动教育中的体力劳动和体育在某种程度上具有相似性。但是在"劳心者治人，劳力者治于人"的传统思想的长期影响下，体力劳动长期被轻视。劳动教育和体育都需要体力的参与，二者是相互促进的关系，增强体质，可以为劳动实践打好身体基础，这又与体育的价值本意相符。劳动实践课程的实施，从某种角度看也是一种强身健体的活动和隐喻性的体育锻炼。

4. 通过劳动教育培育学生审美的能力

马克思所提出的劳动创造美的论断以及普列汉诺夫提出的审美起源于劳动的理论，都道出了劳动对美育的重要作用。"劳动最光荣"在新时代依然"备受尊崇"，体现了新时代的劳动观念与价值导向。劳动教育课程的美育价值可以从人与自然、人与人的关系上加以理解。人们可以依据自然规律通过劳动实践活动对自然、对社会进行改造，创造和谐美好的世界，在这一过程中可以发展学生审美的能力，促进学生与学生之间的沟通、交流、合作，不仅可以让学生学会与人沟通的技能，还可以让学生体验到人与人之间的友谊，体验到生活的美好。

（二）劳动教育课程建设的实践价值

劳动教育课程不仅是实现育人价值的重要依托与载体，还是促进劳动教育科学化、规范化的重要手段。对劳动教育课程进行科学化编排，能在一定程度上解决劳动教育被边缘化的现实问题。

1. 坚持实践价值取向

劳动教育是一门有关实践的科学。劳动教育课程建设除了应注重育人价值之外，还应坚持实践价值取向。劳动教育如果只停留在理论层面上探讨，那么其育人的功效就很难发挥，因此应该将劳动教育理论与劳动实践相结合。劳动教育课程建设作为理论沟通实践的桥梁，能够更好地将课程知识转变为"活"的课程内容，当然，这里的实践性并非让劳动教育课程完全摒弃书本，只是强调学生要摆脱学科知识和思维的固化，让学生不仅可以从理论层面获得知识，还能在实践层面运用知识，并科学地认识自然、认识世界。

2. 协助劳动教育的实施

劳动教育课程可以规范劳动教育，如根据教育目的、人才培养目标来制定劳动教育的课程目标以及教学目标，根据课程标准制定教学内容，根据质量标准对学生进行学业评价。其优势在于：

（1）以课程视角规范劳动教育，可以使教师按照课程标准进行教学，可以让学生明确自己的学习定位，可以使劳动教育由无序状态走向有序状态。

（2）课程视角审视劳动教育，可以使劳动教育按照课程内容、课程标准的要求编制劳动教育的内容，使各学科段的劳动教育内容具有系统性与衔接性，形成各学段、各年级循序渐进的劳动教育课程内容体系。

（3）教育部门根据课程标准颁布相关政策，学校也根据课程的要求规定课时，以最大限度保障劳动教育的有效实施。

二、劳动教育课程建设的理性回归

劳动教育课程想要发挥其育人价值，在课程建设中就必须摆脱功利化的影响，扭转偏重工具效用而忽视价值理性的局面，真正实现从"工具理性"向"价值理性"转变，从实然的工具取向转向应然的价值向度，推动劳动教育课程的理性回归。当然，需要明确的是，这里提及的劳动教育课程建设从"工具效用"走向"价值理性"并非对劳动教育课程"工具效用"的否定，而是强调劳动教育课程建设过程不能过度追求工具效用而遮蔽其该有的育人价值。从这种意义上来审视劳动教育课程建设，其理性回归则是指从单纯追求"工具效用"向"工具效用和价值理性相统一，且更加侧重价值理性"回归。探讨劳动教育课程建设理性回归的逻辑理路具有重要的现实意义。促进劳动教育课程建设理性回归的逻辑理路主要包括以下方面：确立劳动教育课程目标，践行课程育人的教育宗旨；转变劳动教育课程的功利化导向，防止课程价值取向的偏离；完善劳动教育课程内容的横纵之维，构建促进学生发展的课程体系；创设具体化的劳动教育课程情境，彰显学生劳动学习的主体性；加强劳动教育课程的制度化建设，推动劳动教育课程的有效实施。

（一）明确课程目标，践行教育宗旨

劳动教育课程建设的首要任务就是要明确劳动教育课程目标，精准地把握劳动教育课

程的本质内涵，坚持劳动教育课程服务学生、培养人才的价值导向。只有坚持劳动教育课程的育人价值导向，劳动教育课程建设才能在正确的轨道上前行。

1. 时间维度上的"全息"育人

对于劳动教育课程来说，一方面，它是按照课程与教学管理来组织活动，因此，劳动教育课程的教学时间可以是在校期间的学习时间；另一方面，它可以持续不断地向未来延伸，因此，劳动教育课程的教学时间也可以是非学习时间。除了客观教学时间外，还有生命时间，是从学生的自然生长视域来界定的，它与学生的经验有关，是流动的、生成的。因此，劳动教育课程可视为学生利用已有经验进行实践活动生成新的经验的过程。劳动教育的教学时间从在校期间的学习时间向非学习时间延伸，从固定参照的预设教学时间延伸至整个生命时间，从而更好地实现劳动教育课程在时间层面上的育人价值。

2. 空间维度上的"全息"育人

劳动教育课程在空间维度上关注的是"一主两翼"的协同育人。其中"一主"是指学校是劳动教育课程的主场域，而"两翼"则是指家庭和社区。劳动教育课程要想有效地发挥其育人价值，就必须建立以学校为主导的"家、校、社"同时在场的协同育人格局。学生不仅可以在学校进行劳动教育课程学习，还可以在家中进行家务劳动，在社区中进行实践活动。"家、校、社"三方协同育人的格局打破了学校场域的封闭，将劳动教育课程的空间由学校延伸到了家庭和社区。在"一主两翼"协同育人的格局下，"家、校、社"三方协同育人能够更好地将来自学校、家庭以及社区对学生方方面面的影响形成合力，共同培养学生的劳动素质。从时间和空间两个维度上明确"全息"育人的目标，坚持劳动教育课程的育人价值导向，是劳动教育课程建设由工具理性转向价值理性的前提与关键。

（二）改变课程功利化，防止课程价值取向的偏离

劳动教育课程建设的价值导向就是以劳动教育为抓手促进学生的全面发展，促进劳动教育的有效实施。但反观学校实践场域，劳动教育课程建设承载了诸多与利益相关的任务，这就导致劳动教育课程建设在实践中发生了偏向，遮蔽了其课程本身的育人价值。例如上文所提到的劳动教育课程成为学校标榜自己是特色学校的工具，使劳动教育课程带有工具化的色彩。因此，为了防止实践偏向，劳动教育课程建设就应该减少劳动教育课程中的相关利益冲突。

1. 劳动教育课程建设要减少经济利益的冲突

劳动教育课程建设或多或少会涉及教育实践基地的建设、师资培训等，这在一定程度上增加了资金的投入。因此，课程建设主体可能会考虑到经济问题，导致劳动教育课程建

设偏离课程本身的育人价值，违背课程建设的初心。所以劳动教育课程建设要尽量将经济问题和课程本身区别开来，建立监督机制，对资金的使用情况进行监督，由教育主管部门直接干预，把经济利益冲突排除在劳动教育课程之外。

2. 劳动教育课程建设要减少荣誉利益的冲突

劳动教育课程建设是为了更好地促进学生健康成长与全面发展，实现"全息"育人的价值，也是学校培养学生方案中的重要一环。如果学校领导过分注重特色学校、先进学校，教师过分追求荣誉奖励，以此来设置劳动教育课程内容，那么劳动教育课程就会沦为学校或者教师争得荣誉的工具，脱离学生的实际需要。因此，劳动教育课程建设不能过分追求荣誉，而应该以促进学生的发展为核心，注重课程本身的育人价值。课程内容要结合学生发展的切实需要进行选择与编排。劳动教育课程建设还可以拓宽表达利益诉求的渠道。劳动教育课程建设涉及多方利益相关者，如教育行政部门、学校领导、教师、家长、学生等。这些利益相关者在一定程度上会存在利益冲突，因此，可以通过建立听证机制、咨询机制等，让各方充分表达自身的诉求。只有减少劳动教育课程建设中的相关利益冲突，才能够更好地防止课程建设中的价值偏离。

（三）完善课程内容，构建促进发展内容体系

新时代注重价值理性的劳动教育课程，其内容应具有创造性、生活化、具体化等特征，故在劳动教育课程内容设置上应该注重内容的横向融合与纵向衔接等问题。只有完善劳动教育课程内容的横纵之维，才有可能构建促进学生发展的内容体系。

1. 横向之维：劳动教育课程内容的多元化与"大劳动观"

当下劳动教育课程内容在横向维度上比较单一，因此要拓展课程内容，完善横向内容结构。一方面，针对以传统形态劳动居多的课程内容，学校要丰富包括新技术、新工艺等在内的新形态劳动，并且应把握好新形态劳动与传统形态劳动的比例。如此一来，不仅可以增强学生的劳动能力，还可以开阔学生的视野，为学生在未来社会的择业与生存打下基础。另一方面，劳动教育课程内容应注重多层面融合，这就要求教师要树立"大劳动观"。具体而言：首先，教师可以通过大概念以及基本问题来整合劳动教育课程内容。其次，教师还可以将劳动教育课程与德育、智育、体育、美育融合，这样不仅可以使学生在进行劳动时可以获得专业性的知识，还可以以学科实践的育人方式，改变以往坐而论道式的学科教学。最后，教师可以将劳动教育课程与某一主题相结合，如可以采取基于问题的学习、"STEAM+劳动教育"等形式。课程内容的横向融合，是发展学生劳动素养的内在要求，是将生活世界和科学世界联系起来综合培育学生劳动素养的有效手段。

2. 纵向之维：劳动教育课程内容与各学段的衔接

劳动教育课程内容在各学段既要有所侧重又要相互衔接、纵向发展。在小学低年级，劳动教育课程内容应该以生活自理等日常生活劳动为主，让学生初步感知劳动的魅力；在小学中高年级，劳动教育课程内容以家务劳动为主，校内外劳动为辅，以培养学生的劳动习惯；在初中阶段，劳动教育课程内容主要包括社区生活服务、生产性劳动等，以培养学生的劳动品质；在高中阶段，劳动教育课程内容以生产性劳动等职业劳动为主，以丰富学生的职业劳动体验；在大学阶段，劳动教育课程内容以培养学生的创新意识、创造能力和创业素养，引导学生运用新知识、新技术、新工艺、新方法创造性地解决实际问题，为未来职业发展积累经验、储备能力。在纵向维度，劳动教育课程内容基于学生的身心特点在组织方式上螺旋上升，能够很好地解决知识和价值逻辑层面的问题，弥补纵向上课程内容的断裂，进而构建符合学生实际需要和成长规律的劳动教育课程内容体系。

（四）创设具身化课程情境，体现学生主体性

"具身化"的劳动教育课程强调学生的"身心关系"。"身心一体"、具身化的教学情境成为劳动教育课程所关注的重点，在一定程度上摒弃了传统的规训与控制，彰显了学生的主体性。因此，教师应创设具身化劳动教育课程情境，具体而言，要注重两个方面：①注重学生的生活经验。学生作为真实存在的人，处在真实的生活世界之中，学生的生活经验就成为教师有效教学的重要资源。②注重学生的劳动体验。注重亲身体验是发挥学生主体性的重要手段。

（五）加强制度建设，推动课程的有效实施

劳动教育课程建设从工具理性向价值理性转变的过程中，除了要明确"全息"育人的价值目标、减少课程建设中的各方利益冲突之外，还要建立健全劳动教育课程的政策"倒逼机制"。这是劳动教育课程从国家政策文本走向实践的重要保障。一旦政策机制缺失，劳动教育课程建设就容易走向追求工具效用的错误道路。

1. 设立有效的劳动教育课程监督制度

劳动教育课程建设之所以会成为学校应付上级检查的任务，其中一个很重要的原因就是缺乏有效监督。国家重视劳动教育，为此出台了很多政策文件，但政策文件的精神是否如实传达到各个学校、学校又是否按照政策文件执行等问题应引起重视。只有建立有效的监督机制，主管单位才能掌握劳动教育课程建设的实时状态，看清学校领导和教师的行为与态度，才能了解各个学校劳动教育课程是否成为应付检查的工具。有效的监督机制有利

于劳动教育课程的顺利实施，有利于劳动教育课程"全息"育人价值的实现。

2. 完善相关师资队伍建设制度

专业的教师队伍是劳动教育课程有效实施的重要保障。教师是开展劳动教育课程的领导者与组织者，决定着劳动教育的专业性。只有加强劳动教育师资队伍建设，对教师进行专业培训，才能有助于教师真正理解劳动教育的意蕴，把握劳动教育的课程目标，转变劳动教育价值观念。教师只有加深对劳动教育的认识，才能避免将劳动教育课程简单地定位为锻炼学生智力的创造性劳动，使其成为单纯发展学生心智的手段；才能避免劳动教育课程成为其他"主课"的"附庸"，从而走向工具理性，彰显劳动教育课程应有的育人价值。

3. 完善劳动教育课程评价制度

评价是衡量学生在劳动教育课程中是否学有所获的重要指标。因此，注重育人价值的劳动教育课程建设，其关键在于评价环节各项重要指标的构建。从工具理性走向价值理性，劳动教育课程评价也应该由注重升学率的评价范式转向注重学生发展的评价范式。因此，对学生的评价内容除了要对学生进行学业成绩评价外，还要加入"档案袋评价"、表现性评价等发展性评价。对学生的考核和评价，一方面以书面报告的形式进行学业成就评价，体现劳动教育课程的科学性；另一方面还要以学生提交劳动教育活动或项目成果以及成果展示等形式进行发展性评价，体现劳动教育课程的实践性。

除此之外，劳动教育课程评价还应将学生自身学习前后的纵向评价与其他学生的横向评价相结合。只有这样，才能在一定程度上避免评价内容窄化、评价方法片面和评价主体单一等问题，进而发挥评价的激励作用和促进发展的功能，同时也可以防止学校为了完成教学任务而压缩实践劳动的教学时间，有利于确保劳动教育课程的有效实施，确保课程育人价值的实现。

第二节　新时代大学生劳动教育课程建设的双向形塑

劳动教育课程建设是一个设计建构的理论问题，也是一个落实推进的现实问题。"培养大学生劳动精神、劳动品质和劳动价值观是"课程思政"的重要内容，也是大学生劳动教育课程的建设目标和教学评价方向。"[①] 在当前五育融合的语境下，对劳动教育课程建

---

① 李波，李璐，陈冰冰. 课程思政理念下大学生劳动教育课程建设与评价 [J]. 现代职业教育，2023（4）：21-24.

设的探讨不能执拗于理论或实践任意一端。新时代吁求建设高质量教育体系，关键在于高质量劳动教育课程建设，劳动教育课程建设的高质量指向理论品性与实践属性的兼而有之与和而不同。

因此，有必要从统整理论与实践的角度出发，重新审视新时代劳动教育课程建设，通过双向形塑以缩小理论与实践的鸿沟，实现理论自洽与实践自觉的辩证统一，以期为新时代劳动教育课程建设提供启示。

一、新时代劳动教育课程建设的逻辑样态

劳动教育课程建设关联主体与课程两大要素，因此，应体现人的理性逻辑思维，并与学校课程实践相融合，而"人的理性逻辑思维又区分为演绎论证和归纳论证两类"。由此，形成劳动教育课程建设的三大逻辑样态，即演绎逻辑、归纳逻辑与同构逻辑。

（一）演绎逻辑

从劳动到经验的劳动教育课程从认识论的意义上看，演绎论证是指由一般到个别、由普遍到特殊的有效论证。劳动教育课程建设的演绎逻辑表现在三次推导转化上。

首先，基于劳动要素理论完成从劳动到劳动教育的第一次转化。廓清了劳动的核心要素，即劳动主体、劳动工具与劳动对象。劳动何以成为一种教育，实质是追问何种劳动要素是可教的。因此，奠定劳动教育的三个指向：①回归人本身，以劳动激发人的能动性与创造性，使劳动成为人自由的生命表现。②统一脑力劳动与体力劳动，在学会使用工具、掌握劳动技能的过程中促进手脑和谐发展。③以实践联通外部环境，将劳动置于真实的生活世界与学校世界中。

其次，根据知识整体理论完成从劳动教育到劳动教育课程的第二次转化。课程的内核是知识，探讨劳动教育的课程化，实则要回答什么知识可以由课程承载。知识整体理论将知识分为感性知识、理性知识和活性知识。一方面，刻画出劳动教育的两种课程形态：承载劳动理性知识的学科课程和提供劳动感性知识的活动课程；另一方面，明确了劳动教育课程的三大目标领域，即认知领域、行为领域以及情感领域。

最后，根据课程层次理论完成劳动教育课程从理想课程到经验课程的第三次转化。动教育课程建设应考量三个问题：①谁的经验，既要基于学生的兴趣经验设计劳动教育课程，更要据此激发学生对不同劳动或职业的兴趣。②何种经验，教师可以根据学生兴趣对劳动教育课程进行个性化设计，但不能为使学生适应而放弃教育的标准，必须坚守立德树人的底线。③如何经验，实施劳动教育课程旨在引导学生与劳动实践和周围环境建立联系

并获得意义，因而不论是讲授还是做中学的方式都是可行的。

（二）归纳逻辑

政治—经济—文化投射下的劳动教育课程，归纳论证是一种基于经验的由个别推知一般、由特殊推知普遍、由过去推知未来的论证。劳动教育课程的归纳逻辑是将教育置于社会系统中，从历史的脉络中分析劳动教育课程在政治、经济与文化等不同视域下的内涵，呈现作为育人载体、职业技术以及价值文化的三种样态。

1. 政治角度

劳动教育课程是落实立德树人根本任务、为社会主义培养建设者和接班人的载体。古今中外，每个国家都是按照自己的政治要求来培养人的。从德、智、体到德、智、体、美再到德、智、体、美、劳，当前重申加强劳动教育，既是对原有育人目标的拓展深化，又反映出新时代对人全面发展的要求。新时代的学校劳动教育是劳动价值观教育，总体上属于德育的范畴，并且决定了劳动教育课程的宏观站位与政治性原则，即不仅要解决当前学生好逸恶劳等劳动异化问题，传承优良的劳动品质，更要塑造肩负民族复兴大任的时代新人。

2. 经济角度

劳动教育课程以传授劳动知识技术为主，是联通学校世界与生活世界的桥梁。当前，劳动教育成为大中小学必修课，进一步凸显劳动教育的独立学科属性，即职业性或实践性。但并不是将劳动教育完全等同于职业教育，此处的"职业性"是针对当前学校劳动教育课程建设中有劳无育或有育无劳的隐患问题而提出的，强调职业作为人生活动的方向及其所赋予个人的意义感，随着人工智能时代的到来，劳动教育的经济功能越发重要，意味着劳动教育课程建设既要务实，紧跟经济社会的新技术，也要务虚，重视培育学生以创新为核心的劳动素养。

3. 文化角度

劳动教育课程旨在树立学生的正确价值观。价值观是社会特定观念精神的凝练表达。

（1）体现思想性的马克思主义劳动观，这奠定了劳动以及劳动者的崇高地位，是劳动教育课程建设的价值基石。

（2）体现历史性的中华民族优秀传统，包括艰苦奋斗、勤俭节约等优良品质，这是劳动教育课程建设的文化基因。

（3）体现时代性的劳动品质与劳动精神，如敬业奉献、开拓创新等，这是当前劳动教育课程建设的时代脉搏。以上述价值观为劳动教育课程建设的明暗线索，建立条块化的内容结构，明确劳动教育渗透其他学科课程的规范准则。

（三）同构逻辑

内嵌于学校的劳动教育课程同构是结构或形式上的相似性，作为一个数学术语，它表示一个集合中的某些元素与另一个集合中的某些元素存在某种对应关系。作为两个不同的集合，理性思维逻辑与学校课程实践之间存在同构关系。因此，劳动教育课程建设的同构逻辑，旨在揭示二者内部不同元素（方面）之间的同构形式，推进彼此双向形塑，以保持内部关系的相对稳定。

1. 理念目标

劳动教育课程的价值属性与学校文化品性的双向形塑，做到底线与特色的统一。劳动教育课程建设是学校贯彻立德树人思想的生动实践，旨在塑造学生的价值观，但这只是对学校劳动教育课程建设的底线要求。对不同学校而言，劳动教育课程建设是一种彰显学校特色与文化的价值选择活动。因此，需将劳动教育课程建设置于某种社会结构之中，洞察学校环境，包括有关劳动教育的政策方针、社会文化观念、家长期望等外部环境和师生特点、学校风气等内部环境。基于此，借助哲学与社会学的手段精选值得传递的文化价值，确定学校劳动教育课程建设的价值理念。

2. 框架结构

聚焦劳动教育作为课程的基本结构与学校现实问题的双向形塑，做到形式与实质的统一。学校将劳动教育作为一门课程进行建设，首先应确保课程本身在目标、内容、实施与评价等方面具有完整结构。同时，劳动教育课程建设更是基于实践并改善实践的活动，因而，那种不顾实际情况，直接将引进或移植的学校课程建设观念和模式作为逻辑起点的做法，是不可能对学校课程产生实质性贡献的。由此，确定了劳动教育课程建设的逻辑起点在于学校现实的课程问题。

3. 内容过程

注重劳动教育课程的知识形态与学生个性经验的双向形塑，做到共性与个性的统一。知识与经验的关系是劳动教育课程建设的重要问题。劳动教育课程包含理性、感性与活性三种知识，其中关于技术的工艺、方法、思维等是核心内容。劳动教育课程建设务必观照学生的认知特点与个性差异，使其获得个性化体验。

二、新时代劳动教育课程建设的实践架构

"劳动教育课程是高校开展劳动教育的载体和关键环节。"① 新时代劳动教育课程建设既内含特定的逻辑线索，又具有融合互促、协同形塑的表征，其实践架构包含价值、要素、结构与功能等尺度。

（一）发展进阶

劳动教育课程建设的价值尺度劳动教育课程建设旨在培养德、智、体、美、劳全面发展的人。这一目标既内含人的生存与生活形式本身，又关切人的生命价值与生命姿态，更决定着劳动教育课程建设的三个价值位阶：

首先，以最低层次的以培养自为之人进行课程建设，关注劳动知识、技术、技艺等在课程形式中的充盈，旨在使学生通过劳动学习掌握基本劳动知识技能，具备服务自己的劳动能力。

其次，以高一层次的以培养社会之人进行课程建设，着重挖掘劳动背后的责任感与价值观因素，缓和每一个人只知道顾自己的自爱心塑造学生的劳动品质。

最后，以最高层次的以培养肩负民族复兴大任的中国人进行课程建设，旨在培养烙印民族底色的中国人，而劳动教育课程建设向外敞开与延展，在家—国—天下的视域下，融合民族传统文化与当前的时代精神，联通学校、家庭与社会场域，重新定义劳动教育的课程内涵。

（二）多维瞄准

劳动教育课程建设的要素尺度新时代劳动教育课程建设应当瞄准多个维度，走出课程的自封地。

首先，瞄准多元化的劳动教育课程建设主体。劳动教育课程建设依赖政府、学校、企业、家庭、社会等结构性力量，而多元主体间权力关系的博弈潜在形塑着劳动教育课程的育人格局与课程形态。这要求课程主体间的关系由"拉郎配"式的联姻走向互惠共赢的协同，在对劳动教育课程进行创造性理解、建构与转化中达成以劳育人的价值共识。

其次，瞄准综合化的劳动教育课程本体。综合化不是大杂烩式的拼盘，而是对课程体系的优化整合。新时代劳动教育课程建设必须重构学校课程秩序，打通劳动教育与其他四

---

① 王伟江. 高校劳动教育课程建设的价值、困境与路径研究 [J]. 林区教学, 2023 (1): 92-95.

育的课程壁垒，揭示劳动教育课程的内容边界，推进劳动教育课程在学科边界中合理跨界，同时建立学校课程体系的内生秩序与外发秩序，在理性规范中走向和谐稳定。

最后，瞄准开放性的劳动教育课程资源。既包含素材性资源，如有关劳动的符号表征、逻辑形式以及价值观念等知识系统，又涉及制度计划、场域空间、教师水平、媒介信息、经费设备等条件性资源，二者同等重要，在开发中需相互协调。

（三）一纵四横

劳动教育课程建设的结构尺度受"跨界融合"口刃等理念影响，学校课程体系建设综合化的发展趋向越发明显。劳动教育在被确立为必修课程后，亟待建立新的课程结构。

1. 纵向组织

劳动教育课程建设要自上而下贯穿大中小学各学段。

（1）明确大中小学劳动教育课程一体化的建设逻辑。围绕"为谁培养人""培养什么人""怎样培养人"的根本问题，确立立德树人的思想逻辑、新旧融合的内容逻辑与理实结合的教学逻辑。

（2）畅通劳动教育课程的三级结构层次。由于不同结构之间存在诸多界限，只有当课程在更大的框架下才便于纵向组织，所以劳动教育课程的建设框架包括宏观上作为具体科目的劳动教育课程；中观上作为序列或非序列的劳动教育课程，前者如各年级的劳动教育课程，后者如劳动与生活、劳动与职业等独立单元；以及微观上的每一堂劳动教育课。

（3）厘清劳动教育课程一体化的组织要素。包括概念、技能与价值三类共同要素，分别对应劳动教育的理性知识、感性知识与活性知识，反映认知、行为与情感三大领域的目标要求。

2. 横向组织

劳动教育课程建设要平衡不同类型课程的比例。

（1）平衡学科课程与活动课程，将劳动教育课程定位为活动课程，以体验、设计、制作等为主要形式，同时注意在学科课程中有机渗透劳育元素。

（2）平衡显性课程与隐性课程，除了直接将劳动教育课程嵌入学校课程体系，还要重视隐性课程的文化作用，既要形成五育融合的课程文化，又需建立劳育共同体的组织文化，以劳育人的精神文化和储存劳动经验的行为文化等。

（3）平衡必修课程与选修课程，尽管劳动教育已成为必修课程，但为防止实施中的机械化现象，需依托选修课程，设计不同主题的劳动模块，支撑劳动教育课程建设。

（4）平衡国家课程与地方课程、校本课程，作为国家课程的劳动教育只有在实践中结合地方区域特色，扎根学校才能由同质化走向特色化。

（四）三位一体

劳动教育课程建设的功能尺度劳动教育课程建设通过集合松散的要素，建立有序的结构，以发挥某种功能达到预期目标。

1. 选择功能

随着消费劳动、休闲劳动、情感劳动等新兴劳动形式的出现，劳动教育课程建设首先面临的不是课程间的整合问题，而是劳动教育的边界问题。学校劳动教育具有铸魂育人的本质属性，因而劳动教育课程建设与其说是建设，毋宁说是选择，既要选择符合学生认知规律与年龄特点的劳动内容与形式，又要精选有利于促进学生生命成长的文化价值。

2. 整合功能

劳动教育课程建设重在整合劳动教育课程与学校其他课程，既要以立德树人为指导，推进劳育与其他四育的双向渗透，又要在更高层次上整合课程、主体、空间、时间等诸要素，以劳动教育课程群的形成带动其他要素的群集共生。

3. 连接功能

劳动教育课程建设不仅是基于学生的身心发展规律，在课程的意义上推进劳动教育一体化的纵向组织编排，而且在于以课程为媒介联通学校与社会，使学生自觉建立与自我、他人、社会、国家的共生关系，成为肩负时代使命的栋梁之材。

三、新时代劳动教育课程建设的形塑路向

新时代劳动教育课程建设是实现顶层设计与底层跟进的同构，要通过构建思维场、明确教学位与打造生态群进行双向形塑。

（一）构建劳动教育课程建设思维

对劳动教育课程建设进行逻辑推演与实践架构，体现两类思维方式，即追求逻辑自洽的虚体思维与强调实践自觉的实体思维。由于其中尚未引入主体规定性，即赋予思维方式以人的价值为目的，因而只是可能的或类意义的思维方式。因此，要在一定价值目的的规定下厘清二者的边界范围，将思维方式由可能的变为现实的，构建劳动教育课程建设的思维方式格局。

1. 在劳动教育课程建设中引入主体规定性

任何现实的思维方式都是将主体规定性引入虚实两类思维方式的结果。从思维的规定

性来看，劳动教育课程建设内部的两类思维只是对客体规定性的表征，引入主体规定性体现出人作为主体对劳动教育课程建设这一客观对象的两大价值要求。

（1）价值教育的思想性价值。学校劳动教育课程建设必须以立德树人为根本旨归与过程线索，在课程建设的各环节、诸要素中"探寻崇高神圣的道德生命，坚守劳动教育的道德立场"时。

（2）体系建设的功能性价值，劳动教育课程建设既是学校五育融合课程体系构建的重要组成部分，又是落实教育方针、构建德、智、体、美、劳全面培养教育体系的关键一步。新时代劳动教育课程建设必须遵循特定的价值规范与实际需要，否则将落入纯粹形而上学的陷阱。

2. 劳动教育课程建设跨界融合与独立性

（1）普通教育与职业教育的关系。劳动教育的高度复杂与学校实施劳动教育的先天弱势所构成的矛盾，促使职业院校成为学校劳动教育课程建设的"推动器"，但学校劳动教育课程建设属于普通教育的范畴，应关注普通文化课程的建设而非专业技能课程的建设。

（2）学科课程与活动课程的关系。劳动教育课程具有实践性的根本属性，所以应定位为活动课程进行建设，但它也可作为其他学科课程的实施载体或内容元素。

（3）思想内核与实践形态的关系。劳动教育本质是价值观教育，要让学生在动手出汗中磨炼意志，因而简单的农业生产、职业体验等只是践行价值观教育的手段，劳动教育课程建设必须警惕观光式、体罚式的劳动形态及其对劳动教育严肃性造成的损害。

（二）明确劳动教育课程建设教学位

教学连接着课程与学生，是使劳动教育课程为学生所内化的关键。根据教与学的强弱关联程度，可以塑造劳动教育课程建设的三种形态。

1. 强教弱学型的劳动教育课程建设

侧重教师的教，着力点在学科课程，要求教师从中挖掘有关劳动教育的理性知识，如关于劳动的本质、关系、观念、精神等抽象概念，将之纳入学科知识体系之中，在教学中通过讲解、分析、引用等方式向学生传递。

2. 强学弱教型的劳动教育课程建设

侧重学生的学，着力点在活动课程，要求教师根据劳动的复杂样态设计劳动教育模块，实质是挖掘劳动教育的感性知识，如劳动过程中推理、论证、质疑、创新的科学思维，观察、体验、联想、鉴别与评价的审美体验等，教学过程中关注学生是否获得劳动的直接体验。

3. 教学合一型的劳动教育课程建设

强调教与学的辩证统一，着力点在学校潜在的一切课程形态，要求将以劳动价值观塑造为基础、以劳动情感态度为表现形式的活性知识内嵌于劳动教育课程建设中，既作为所有课程形态的黏合剂，又充当价值引领的角色，促使劳动教育教学过程不仅融合劳动的理性知识与感性知识，而且真正包容教师与学生，使师生在劳动参与中共同感知与理解，并建立关于劳动的价值观念与关系。

概言之，前两种形态关注对学校内部具体课程的设计整合，能为学校短期内推进劳动教育课程建设提供实践指导。但从长远来看，学校劳动教育课程建设只有走向教学合一型，才能消解课程建设的偏差，实现劳动教育课程的高质量建设并构建五育融合的课程体系。

（三）打造劳动教育课程建设生态群

劳动教育课程建设应以生态群为载体，协同外缘环境与内生要素，走向共生。就外缘环境而言，劳动教育课程建设受自然环境、社会环境与规范环境的影响，需协同三大环境，使之相嵌重叠。

第一，以劳动空间域联通自然环境与社会环境。当前乡村的农田、果园、菜园等场所已成为劳动教育课程建设的重要空间，随之衍生出的耕种养殖等农事活动，无土种植等新技术以及观光农业等产业新业态更丰富着劳动教育课程建设的内容元素。

第二，以劳动价值观联通社会环境与规范环境。诸如生活方式、习惯和风俗甚至艺术这些事情只是美学景观，思想体系、价值观和语言才是一种文化的根本。劳动教育课程建设的内核是价值观塑造，必须全面贯彻党的教育方针，在新时代继承中华民族勤俭节约、敬业奉献的优良传统，弘扬开拓创新、砥砺奋进的时代精神。

第三，以劳动新形态联通规范环境与自然环境。山川景色、传统工艺等都被烙印上民族的独特文化，劳动教育课程建设需结合研学旅行、研究性学习等形式，重视传统工艺劳动与新兴技术，丰富劳动教育的实践样态，从中挖掘劳动的活性与美感价值。

就内生要素而言，劳动教育课程建设要协调课程、主体、时间、空间等诸要素间的关系。①强化教师对劳动教育课程建设的责任意识，引导教师公开、平等、共享地参与劳动教育课程建设全过程，自觉维护课程建设的本质。②构建劳动教育课程建设的协同育人格局，建立课程建设共同体，合力设计与开展劳动教育课程，并优化利用其中的场域、人才与文化等资源。③重构劳动教育课程的时空关系，利用家庭星期劳动清单、暑期社会实践、劳动研学、职业模拟等形式。

第三节　工业4.0背景下劳动教育课程与专业课程的融合进路

运动的根本目的在于为社会培养拥有正确观念的劳动者，提升学生的实践能力、思想观念，承担社会在经济、生态、技术等各个方面的发展的任务。今天，劳动教育基于数字化和信息化的变革，在工业4.0的基础上对劳动教育继续进行变革。而这一思想和实践对我国的劳动教育课程体系改革具有重要的借鉴意义。

一、大学生劳动教育的现实趋向

为了更好地适应劳动与科技结合日渐紧密的社会现实，提升就业的适配度与精准性。我国的劳动教育课程，提升课程的效果，实现课程间的融合，从课程中存在的现象分析深层次原因、当前劳动教育课程上存在的现象可以感知到，劳动教育课程存在如下几种趋向。

（一）重实践，轻价值

数字时代大背景下，各国间文化交流引发的文化冲突与文化选择问题越发被重视。劳动教育与课程融合的重要性在于，相对解决技能层面的落后，文化道路选择与观念可以从根源上明确劳动的意义、提升劳动的效用。

从学生角度思考技能与价值的辩证关系，增强文化归属感，实现技术交流。学生群体认可价值层面包括劳动价值论对于个体的重要性，但现实是相对于价值观念层面，学生潜在意识和思维定式还是更加倾向于技能对自身的发展。因此，劳动教育课程改革的方向在于实现课程间的宏观横向融合，科技大生产背景下引导学生树立正确的劳动科技文化观。

（二）重技能，轻思考

由实践和价值间的不匹配性出发，会引发劳动教育课程的另一个问题，即劳动教育实践过程中，劳动技能的提升与创新思维间的辩证关系。今天的劳动教育就是为了能够更好地提升劳动中国的创新能力，提升产业的核心竞争力。而创新与技能的核心点在于培育学生学会思考反思的能力。总结劳动教育的教材不难发现，劳动教育试图将科技、知识及经济、法律、规划、团队等方面融合成为一门综合性的课程，整体提升学生的职业能力，帮助学生适应信息化社会。

就当前的劳动教育课程教学本身来看：一方面，在授课过程中，劳动教育的授课教师与专业课程教师间的联系不够，导致对课程群的了解不深，无法在专业课上引导学生，因此亟待加强专业知识的教学和上位的决策能力间的配合，这就需要提升横向思考能力，实现共同开发课程，实现课程融合，完成课程的模式探索；另一方面，观察学生的学习现状，基于对价值观念理解不够深入，加之学生习惯灌输式被动接受的学习方式，对课程的主动探究缺少兴趣和能力。

（三）重个体，轻合作

德国工业4.0体系在实践，注重从外延领域加强教育机构发展和国际合作推进，因此在对学生的培育上，非常注重加强与专业知识融合与提升学生间的合作。近些年，我国开始逐渐转换思维，尝试探索合作教学模式，包括一课多师、项目化教学等探索实践。

在劳动教育课程教学中，教师会特意在授课过程中增加创新思维元素，包括探讨专业课程相关的产业中创新意识和能力对国家及个体的重要性、共享专业领域的成功创新案例及启示、在课程中加入思维训练即通过相互的交流探讨及交流互动，形成批评性的意识，以增强专业方面的创新思维，以项目化形式在课后通过组建课程团队，共同完成专业课程类的创新性项目。

二、大学生劳动教育与专业课程融合的优势

当前劳动教育与专业课程融合度与契合度不足，通过对劳动教育课程的分析，发现当前劳动教育课程在顶层设计上，课程整体缺乏融合性体系思维，课程本身逻辑性也略显不足，在实践方面，课程本身与专业课程间缺乏联系。而通过劳动教育与专业课程间的融合，可以有效提升学生对课程的兴趣与授课效果。

（一）增强学生主体价值观念

通过对课程授课与调研发现，学生包括对自我的认知、价值观念、劳动价值等内涵性概念缺乏认知，根本在于对个体观念的认知不清晰。无法对自我作出准确的判断与评价。而劳动教育课程和专业课程的有机融合，不仅能提升学生授课的获得感，而且可以帮助学生明确自我价值，帮助学生学会认知自我，坚定意志品质。思索如何通过课程间的配合和联系去加强引导学生形成正确的价值观念。

劳动教育课程自身内容包括马克思主义的劳动观、认知劳动的价值、品质和精神。由此出发，授课中和学生共同去探讨劳动以及人的内涵、明确自身存在的价值、社会发展与

个人价值间的辩证关系；而课程安全、法规、素养和实践模块则与专业课程及社会实践相结合，通过课程的自由探讨、辨析、实践等方式，在双师授课的基础上，和学生共同完成价值观念的转变与专业领域的意义价值提升。在价值观念的基础上，帮助学生领悟所在专业是社会意义，而非简单地学习专业基础知识。由此完成课程的真正目的，培养具有个体意识的人，真正地去承担起培养国家建设者和接班人的责任。

（二）构建双师授课新范式

通过课程改革实验，增强劳动教育和其他课程间的关联性，通过构建双师授课的劳动教育授课新范式，打破专业课程与通识课程间的屏障。通过双师同堂的模式，将劳动观念教育与专业课程群有机衔接，通过"双师"授课模式，实现课程间的配合，打造课程矩阵，创设完善的拟态环境，打造良好的课堂氛围。相对于过去教学活动的单一性，"双师"同堂的授课相对更加新颖，有多边的授课平台，包括：生生、师师、师生等，而且在互动中又完成授课环境的建构。

在这一环境中，首先，双师在环境中的角色实现转变，成为课堂真正的参与者，从不同的专业角度切入进行探讨。学生在这种环境中，可以体会到不同思想和专业间的碰撞；其次，学生的主体性增强，也会想要参与到讨论中去。更好地拓展思维，开阔眼界。同时，在参与中，帮助学生转换思维方式，应用型人才和创新思维的培育更加有效。

（三）提升课程实践体验感

劳动教育课程以模块化教学为基础，每个模块之间是方向不同但又相互连接的有机整体，使得课程设计和授课形式相对比较自由，教师的自主性比较高。每个模块的自由发挥性也比较高。这就给劳动教育与专业课程的有机融合提供了可能性，通过课程间矩阵排列的方式，自由组合授课形式，打破学科间的桎梏。每个模块都可以和不同的专业课授课间实现有机融合，提升学生的参与度与兴趣度的基础上，提升学生掌握专业知识的广度和学习兴趣度。

课程设计通过纵横两个维度的设计，提升课程的体验感：劳动课自身的课程内容上，设计纵向的实践课程，通过体验性认知、实践性学习、实操性提升、互动性学习、团队性创新等方式打造劳动教育课程创新实践模式，实现理论与实务的衔接；而在课程与专业课融合上，通过横向接连的课程设置，以劳动教育为中心点，辐射到专业课课程群，在劳动教育的专业课程板块与创新板块的授课中多专业课程融合和双师同堂的授课，提升课程完整性，更好地打造课程链。

三、大学生劳动教育与专业课程融合进路

课程创新的目标定位在于更好地通过探究授课模式,来实现实践同频与技术能力的诉求,更好地培育技能型人才,以便实现服务国家的最终目的。现有的教学模式,在适应社会对实践人才的需求上尚有所欠缺。劳动教育课程改革可以在合作、探究、创新的教学理念的指引下,从以下三点发力,提升教学效果,增强学生学习兴趣。

(一)教材精准化,对标课程群

教材是实现劳动教育目标的起点,整合适应未来科技发展的且具有针对性的教材。通过劳动教育与职业教育相结合,针对每个专业的特征制定相应的劳动教育课程培养方式,教材的选择可以在原有的基础上增加以下几个方面的内容:①关于方法论方面的内容,即让学生提升运用知识的能力,包括在未来职业生涯中如何规划一项劳动、如何反思评估等。②团队配合能力的锻炼。③职业中重大时刻的危机管理能力,包括判断与决策。这就需要各个专业的教师同劳动教育课老师共同配合,完善教材。

设置更加精准的人才培养方式。以"工作坊"为出发点,在课程开始前,让学生选择自己感兴趣的主题,然后进行探究性学习,通过这种方式,可以在后期衍射延伸服务于创业创新大赛、演讲比赛、职业规划大赛等活动中。在知识层面:让学生理解劳动教育的内涵和相关知识,包括劳动的起源和发展变革历程、劳动法规、与专业相关的劳动技术变革。在技能层面:培养学生的学习兴趣和合作能力及提升专业技能的能力,实现朋辈间的专业学习互助。在价值层面:培养学生的问题意识,主动思考的能力,理解认同"工匠精神"的内涵。

(二)课程灵活化,打造项目化教学

劳动教育课程开始可以通过项目课程,即通过工作过程为工作任务的中心,前期可以先行选择、组织课程内容,并以完成某项任务的劳动教育新授课模式。鉴于劳动教育课程的性质以及培养目标,对于本课程的"双师"授课教学模式改革,拟采用"教师+实务导师"的配比组合。其中,实务导师主要包括经验丰富的技能型人才、律师、管理人才等。主要覆盖课程中偏劳动实践的章节,由于课程由两位教师主导,故每一个教学环节都需要体现两位教师之间的协作和配合。

改变过去课程过于注重知识传授的倾向,通过问题、设计、实施及评估四个环节进行课程设计,而这四个环节有以闭环的方式形成完整的授课流程。将师资队伍的建设、教学

与学生管理、教学方法与评价嵌入其中。可以借鉴悉尼协议范式，以项目化教育教学改革为主线，其中在课程目标阶段，以"成果导向"的理念来设置课程目标，打造新颖的授课方式，引导学生形成积极主动的学习态度。

教学改革还是要去服务学生，主要围绕脚力、魄力、通事、通心进行课程创新，总结课堂教学中的教学方式改革不难发现，当前的教学改革还是以师生互动的方向进行。为了提升学生的兴趣度，多以引导学生参与进课堂的翻转课堂等形式开展，转向了以学生为中心的教学模式，而教师间的资源共享多停留在备课阶段，在教学阶段尚未形成良好、完整的体系。

（三）融合全面化，拓宽实践路径

根据培养方案，制作好活页式教材，备课前先进行调研，配备几组备选的灵活性选题，让学生选取自己感兴趣的主题，去探讨相关的内容。根据学生的兴趣，教学团队依据培养方案和学院集体有针对性地备课。然后以"工作坊"的形式，给学生配备相关的导师。

1. 课堂讲授环节

授课教师需全程参与课堂教学活动，拟将授课过程分为如下流程，整体课程由授课教师主导，授课教师与同学们一起参与课堂讨论、分析，实务老师配合在特定时间节点起到画龙点睛的作用，后期涉及实务方面的内容，实务教师要针对自己领域和特定主题进行案例与实践教学的主导，后期两位教师根据授课内容、互动情况进行总结。

2. 课程评价环节

劳动教育与职业教育相融合是对传统教学模式的突破和创新，而"双师同堂授课"作为一种课程探索需要精准反馈才能真正对症下药，如何对教师进行正向激励，需要一个较为完善的激励和评价机制予以配合。课程评价方面，建议从学生、教师同行和学校层面对教师授课课程及教师授课情况进行全方位的、客观的评价。教师授课情况可以通过学校督导和教师同行评价予以展开。

劳动教育课程与专业课程的双向融合探索，以构建双师授课新范式为起点，以项目化教学作为课程融合的实践进路，改革对标课程群，实现课程间的融合，拓宽实践路径，包括课程标准设置、课程评价等方面，进行全面的融合发展。从多角度提升学生的积极性和课程效度，同时提升课程实践体验感。

第五章 大学生实践性劳动教育的有效实施

第一节 劳动实践对促进大学生劳动教育的重要性

劳动教育是中国特色社会主义教育制度的重要内容，对于培养当代大学生的健全人格具有十分重要的意义。高校作为人才培养的摇篮，对于社会的发展有着至关重要的影响。而劳动教育作为大学教育的重要组成部分，直接关系到大学的人才培养质量。但是从目前大学劳动教育的现状来说，在教学的过程中缺乏劳动实践的开展，导致无法将大学生劳动教育课程的重要意义深度地挖掘出来，无法发挥出它实际的价值。所以，在新时代促进大学生劳动教育发展的过程中，要开展更多的劳动实践来帮助大学生在实践过程中体会劳动的价值和意义，真正将劳动教育的价值体现出来。

一、劳动实践是加强学生对于劳动认识的必要举措

在新时代的教育背景下，高校开展劳动教育的目的是给大学生扣好人生的第一颗精神纽扣，对于当代大学生的健康人格发展具有非常重要的积极影响。"作为一项重要的教育教学原则，理论性和实践性相统一有着深刻的理论基础。坚持理论性和实践性相统一是劳动和劳动教育的基本要求，是开展劳动教育的应有之义。"[1] 当代大学生作为时代发展的领头人，应该主动地承担起实现中华民族伟大复兴的责任，不断地为实现国家梦想而奋斗，并把国家的梦想当成自己的梦想。只有通过不断的艰苦奋斗，才能够实现我们的中国梦，大学生作为劳动群体的构成部分，需要不断地通过劳动教育来给予大学生更多的精神补给，通过劳动实践课程来让学生重视劳动的意义，感受劳动的价值。但是，当代大学生仅仅具有劳动精神理论知识还是不够的，需要在劳动实践的过程中不断地去将自己的理论

---

[1] 陈文成，朱小超. 劳动教育应坚持理论性和实践性相统一——以初中道德与法治学科教学为例[J]. 中学政治教学参考，2022（11）：59-62.

知识践行成实际行动，这样才能够在劳动实践的过程中培养出更好的劳动道德品质，塑造出良好的劳动精神。梦想从来都不会自动成真，只有让广大青年学子们通过系统的劳动性教育，并且在实践的劳动活动当中感受劳动精神和劳动观念，才能真正地发挥出劳动教育的目标，让大学生对于劳动的认识更加深刻。

二、劳动实践是践行知行合一的最佳途径

知行合一是大学生健康人格的重要特征。劳动实践是将知与行相结合的纽带，借助劳动实践，才能够让大学生实现从"知"的理论性认识到"行"的实践飞跃，进而通过"行"的实践，深化对"知"的认识。知行合一是中国传统文化的重要理念，也是现在重要的教育观念。在传统的文化教育中，知行合一是指在伦理道德层面上的要求及道德认知和道德实践要进行统一。而我们现在所讲的知行合一，就是在实际的学习过程中，将学生所学到的理论知识转变为行动实践，从而将自己的认知和社会实践统一起来，在这个过程中，让学生学会运用自己所学到的劳动理论知识，进而能更好地培养出学生的劳动价值观，使其在发展的过程中能够更加地热爱劳动，并且懂得如何劳动。

三、劳动实践是弘扬中华传统美德的重要路径

高校开展劳动教育对于培养大学生的健康人格具有重要意义，勤奋敬业、吃苦耐劳是中华民族的传统美德，也是当代大学生要培养健康人格的重要内容。学生只有在劳动实践当中，才能够真正地了解到这些品德的意义，并且践行优良品格。我们今天想要弘扬中华民族的传统美德，培育新时代大学生的健康人格，就要让当代大学生以新时代的君子人格为模范，在劳动实践过程中接受磨炼，树立起劳动最崇高、劳动最伟大的正确价值观念，让他们在劳动实践的过程中感受劳动的价值，从而培养出当代大学生尊重劳动、热爱劳动、崇尚劳动的意识，并在实践的过程中掌握一定的劳动技能，帮助他们在之后的发展过程中养成良好的劳动习惯。

四、劳动实践是感受新时代劳动精神的重要体验

通过劳动既能够收获物质财富，又能够收获精神力量。在高校教育发展的过程中，不断加强大学生的劳动教育，教育学生向劳动模范学习。从很多劳动模范身上所体现出来的真善美，对青少年有着极大的感染力。学生只有在劳动过程中才能够体会出劳动模范身上所体现的持之以恒、艰苦奋斗、精益求精、甘于奉献、勇于创新的时代劳模精神，因此，要不断地激励他们投身于中国特色社会主义伟大实践当中，让他们能够将青春的热血挥洒

在劳动之中。

在新时代的发展背景下，现在的劳动具体形态已经发生了改变，因此，培养有劳动素质的时代新人，是新时代高等教育的重要目标之一。虽然现在我们进入了新的发展阶段，物质生活质量也在不断地提升，像传统高体力活的劳动运动也比较少了，这就使得在大学生发展的过程中，容易养成不肯吃苦、怕吃苦的颓废心理，这种心理对于我们民族的发展会产生很大的威胁性。因此，在新时代的劳动教育过程中，开展劳动实践有助于帮助大学生提升劳动精神的体验，并且帮助他们在这个实践的过程中树立正确的劳动价值观念，在创造性的劳动实践中，推动社会的进步和发展，升华他们人生的价值和意义。

五、劳动实践视角开展当代大学生劳动教育的举措

（一）增强大学生对"劳动托起中国梦"的社会认同

劳动是推动我们社会发展的重要力量，因此，在新时代的劳动教育过程中，要组织当代的新青年开展各种形式的劳动实践活动，让他们在劳动实践活动中充分认识到劳动的价值，劳动不仅能够创造人本身，也是生产财富。而我们中国梦的实现，是需要通过不断艰苦奋斗的，因此，引导当代大学生开展劳动实践教育活动，帮助他们在实践的过程中充分认识到，劳动是实现我们中国梦的根本力量所在，只有他们在发展成才的过程中脚踏实地的劳动，才能够助力中国梦的实现。

（二）优化劳动教育的课程考核

劳动课程在教学的过程中仍然存在重理论、轻实践的问题，所以需要不断地对劳动教育课程进行相应的改革，尤其是对于课程考核标准不能够再一味地重视学生在课堂上的文化理论知识、学习成果，而要注重学生在具体劳动实践当中的表现。通过健全劳动教育考核机制，能够提高当代劳动教育的教学成效。

首先，需要推动高校劳动教育考核方式的多元化。在开展劳动教学的过程中，需要根据教学内容以及形式的差异性，设置不同的考核方式。

其次，将考核成果纳入学生的综合素质评价体系当中，也是对劳动教学课程考核的优化形式之一。

在新时代的教育改革过程中，有必要对学生的综合测评、考核方式进行相应的改革，不仅要促进学生的德智和育智，还要加强学生的劳育，将学生在具体的劳动实践过程中所产生的成绩进行比例划分算入考核当中，对于学生之后的评奖评优以及升学和毕业都有一定的参考价值。

（三）让学生化被动为主动加入劳动实践中

高等教育以立德树人为目标，将教育目标融入学生的思想道德教育、文化知识教育和社会实践教育的各个环节当中。劳动教育作为新时代高校教育体系的重要组成部分，以劳树德开展大学生劳动教育工作，落实立德树人的根本措施。但是如果在劳动教育中仅仅开展说教式、灌输式的教育方法，那么就从根本上脱离了劳动教育的意义和目的。劳动教育更多地需要通过劳动实践来开展近身的德育。人只有在劳动的过程中，真正地通过感官和身体活动感受劳动，才能够真正了解德育培养的重要作用和价值。

在开展大学生劳动教育的过程中，要让大学生亲身参与到劳动实践当中，利用实践活动潜移默化地去引导和影响学生，切实的劳动实践使他们感受到劳动中所蕴含的道德观念，从而形成正确的道德判断，做出正确的道德行为。

同时，在劳动实践的过程中，可以让他们逐步地养成勤俭节约、艰苦奋斗、乐于奉献等良好的品质，并将这些良好品质自觉地转移到自己的日常行为活动当中，从而真正地实现"正心立德，劳动树人"的教育目标。

（四）围绕专业课程开展劳动社会实践

创新创业是高校在教学过程中的重点内容，也需要在教学的过程中根据学生所学的学科和专业性知识开展相关的劳动社会实践，让学生将自己所学到的知识以及技能在劳动中应用起来，从而创造性地解决自己所遇到的实际问题，使学生能够增强自己的劳动诚实意识，在劳动实践的过程中帮助学生积累职业性的经验，为学生以后的就业和创业发展打下良好的基础。通过劳动课程，学生可以真正地养成劳动奉献的精神，当社会需要帮助的时候，能够主动贡献自己的一份力量，这也是开展劳动实践教学的目的之一。

在新时代的发展背景下，高校开展劳动教育的目的是通过劳动教育达到德育教育、培养学生艰苦奋斗以及勇于奉献的优良品质。但是想要真正地将劳动教育的价值发挥出来，就要注重劳动实践的重要性，在教学的过程中积极地引导学生进行社会实践，既能够提高学生的专业素养，也能够让学生在劳动过程中践行相关的劳动知识，培养良好的艰苦奋斗品格，真正地将所学到的知识内化于心、外化于行，在干任何事情时，都能够踏踏实实、扎扎实实，从而达到劳动育人的最终目的。

第二节　大学生实践性劳动素养与劳动教育实践

实践性劳动教育是大学生劳动教育的重要组成部分。广义上理解，实践性劳动泛指一切社会生产活动，因为所有的社会生产活动都是社会实践；狭义上理解，实践性劳动是指在大学生劳动实践过程中，需要通过实践操作行动而获得劳动体验的一系列劳动类型，其目的在于通过实践性劳动获得实践性的知识，从中形成马克思主义劳动观并获得劳动能力的提升。

"随着中国经济的不断发展，国家对人才的要求也越来越高，各个学龄阶段对学生的劳动教育以及文化知识教育都开始加大重视。"[①] 中华人民共和国成立后，各级各类学校对实践性劳动教育进行了大量的富有成效的探索，也积累了诸多的实践经验。在新时代背景下，提高实践性劳动教育的实效性，需要准确把握实践性劳动教育的内涵及特征。

一、大学生实践性劳动素养

大学生实践性劳动素养是指经过生活和教育活动的实践逐渐形成的与劳动有关的人的素养，包括劳动的价值观（态度）、劳动的知识与能力等维度。同时，"实践性劳动素养"也具有规范性概念的特征。

第一，实验需要具备的劳动素养，实验是大学生在本科阶段必修的专业课程之一，是大学生实践性劳动中最常见的一种。良好的劳动素养是大学生做好实验的前提和基础，主要包括：①认真、严谨的实验态度；②迎难而上的实验精神；③良好的实验习惯；④主动思考、勤于动手的能力。

第二，实训需要具备的劳动素养，主要包括：①认真、严谨的实训态度；②动手操作能力；③综合素质与应变能力；④较强的规则意识。

第三，实习需要具备的劳动素养，在实习过程中，企业、学生在认知方面可能会存在一定偏差。首先，企业认为实习生完全不懂得企业工作流程，无法把重要事务托付给他们；其次，学生总是觉得自己被忽视，实习期没有事情可做，白白浪费时间。在这样的情形下，就要遵守良好的劳动素养：①遵守工作纪律，服从组织安排；②积极、主动的实习责任意识；③随机应变的实习环境适应能力；④实习劳动的权利意识和法律意识；⑤理论

---

① 宁洁萍. 浅谈如何加强学生劳动教育实践性 [J]. 南北桥，2021（7）：98.

知识储备与专业技术能力的应用。

第四，社会实践需要具备的劳动素养，主要包括：①艰苦奋斗、吃苦耐劳的精神；②系统、全面的专业知识体系；③社会实践主体的能动性；④客观评价自我的能力；⑤良好的社会交往能力。

第五，勤工助学需要具备的劳动素养，主要包括：①良好的综合素质；②吃苦耐劳的精神；③团结协作的精神；④人际交往能力；⑤组织管理能力。

二、大学生实践性劳动教育

（一）大学生实践性劳动内涵

大学生实践性劳动是指大学生通过开展特定类型的实践劳动，促进其形成正确的劳动价值观和养成良好的劳动素养的实践性活动。其内涵包括三个方面：

首先，实践性劳动是大学生劳动的一种，是落实大学生全面发展的重要劳动方式。实践性劳动亦具有立德、益智、健体、育美等较为全面的教育功能。

其次，实践性劳动是价值教育的一种，树立正确的劳动价值观是其内在要求。实践性劳动所要培育的劳动素养，包括形成良好的劳动习惯、有一定劳动知识与技能、有能力开展创造性的劳动等，但劳动价值观才是劳动素养的核心。实践性劳动的核心目标就是努力帮助学生树立正确的劳动价值观。

最后，实践性劳动是新时代中国教育发展的必然要求，具有强烈的时代特征与社会属性。由于劳动形态不断变化，具体表现为脑力劳动的比重不断增加、新形态的劳动不断形成。因此实践性劳动包括参加体力劳动，但又不能狭隘地理解为简单的体力劳动锻炼，实践性劳动应依据劳动形态的演进而与时俱进。

根据实践目的和实践方式的不同，下面将大学生实践性劳动分为实验、实训、实习、社会实践、勤工助学五种主要类型。高校通过开展不同类型的实践性劳动，引导大学生形成尊重劳动、热爱劳动、崇尚劳动的正确劳动价值观，并在实践性劳动中提高自身的劳动能力，形成良好的劳动素养。

1. 实验

广义的实验是指根据科学研究的目的尽可能地排除外界的影响，突出主要因素并利用一些专门的仪器设备，而人为地变革、控制或模拟研究对象，使某一些事物（或过程）发生或再现，从而去认识自然现象、自然性质、自然规律的过程，是科学研究的基本方法之一。狭义的实验是指大学生根据一定的实验目的和要求，运用有关知识和技能，对实验的仪器、装置、步骤和方法在头脑中进行规划并拟订好实验方案、完成实验设计的过程。

大学生实验分实践性实验和验证性实验。实践性实验一般在研究生阶段用得比较多，而本科阶段大多数实验只是为通过实验达到掌握知识的目的属于验证性实验。本章所讲的大学生实验是指通过实验教学，学生加深对所学理论知识和实验原理的理解，熟悉实验仪器设备使用方法，掌握实验操作技能等的验证性实验。大学生实验一般分为课程实验和自选实验。

（1）课程实验。课程实验是实验活动的核心，利用系统的课程体系培养大学生的实验能力。实验项目一般是教师提供可选的实验题目或自带课题，大学生作为实验项目的负责人，积极、主动地参与实验全过程，这样可以加深其对实验项目的理解和掌握，能够充分发挥科学思维方式和科学的预见性。

（2）自选实验。开放式实验即实验内容是开放的，实验目的也是开放的。大学生在完成教学任务的情况下，根据自己的兴趣、爱好，查阅相关文献、参考资料，并和指导老师进行相关探讨，自拟实验内容、实施具体步骤及实验目的。这种开放式实验项目，可以很快地提升大学生发现问题、提出问题、分析问题和解决问题的能力，也要求大学生对课余时间有很强的自主支配能力。

2. 实训

实训的最终目的是全面提高学生的综合职业素质，以期满足学生就业、企业用人的需求。实训有别于一般意义上的实习、实践，它更重视对大学生职业能力、岗位职责、职业精神、捕捉行业动态等方面的训练，逐渐实现大学生对职业身份的认同与定位。实训是大学实践性劳动教育的一个重要组成部分，是学生对课堂理论学习内容的深造，可以直接体现大学生对所学知识的掌握程度，提高大学生的动脑、动手和实践创新能力。

大学生实训在一般情况下可分为校内实训和校外实训。校内实训可以通过参与式、互动式教学以及校内模拟实践活动实现，而校外实训则需要通过大学生深入企业进行学习实现。

（1）参与式、互动式教学。在参与式、互动式教学实训课程中，至少三分之一的课堂时间留给教师讲授，并发动学生参与分组讨论、上台发言、互动游戏、自我评估、课堂模拟等课堂教学活动。

（2）校内模拟实践活动。结合课程的教学内容及进程，学生进行模拟实践活动，如经过组建模拟公司、制订企业规范与计划、组织实施专题活动、控制与总结等阶段，系统模拟一家公司从组建到运营的全过程，以使学生对实际管理过程有更深的体验。

（3）深入企业进行学习。高校组织学生到有先进管理理念、企业绩效显著的知名企业进行参观访问，聘请企业的管理者为客座教师，为学生做专题演讲；有计划地安排学生轮流到共建企业的生产现场担任助理，在管理者的直接指导下亲自体验并处理管理工作。

3. 实习

学者们认为实习是一项经过计划的教育活动，由大学相关部门批准。能够为学生提供与自己的专业学习或者职业兴趣相关的实践工作经验，是学生花一段时间在真实工作场所学习的一种形式。是连接课堂学习和真实工作环境的一种学习方式。实习的主要目的是使在校学生通过在企业中实践，接触到真实的工作场景，不断地学习、提升自我。将大学生实习定义为以劳动教育作为教学内容实施的，以企业为主体为大学生提供与自己的专业学习或职业兴趣相关的体验式的理论联系实践的学习过程。

（1）实习的主要优势。

首先，通过实习，大学生可以验证自己的职业抉择，当大学生在了解自我的基础上确定未来的职业理想时，需要"试试水"，在"真刀真枪"的实际工作中检验自己是否真正喜欢这个职业、是否愿意做这样的工作。

其次，实习可以帮助大学生学习工作及企业标准。

最后，实习可以帮助大学生找到自身与职业的差距。实习不单单是为了落实工作，更是为明确自己与岗位的差距以及自己与职业理想的差距，并在实习结束时制订详细可行的补短计划。

（2）实习的获得渠道。获得实习机会通常来说有三种渠道：

第一，内推渠道，在所有渠道中内推渠道当属最有质量的。一般内推来的简历都是经过企业内部员工或者合作伙伴初步筛选的，本身质量不错，企业人力资源管理者会重点关注这些简历。

第二，企业官网或招聘网站，一般稍微大一点的企业，都会在自己的官网放置招聘信息，有的企业甚至会单独建立一个网站来进行招聘，这是企业人力资源管理者必须关注的招聘渠道。同时，企业人力资源管理者一般也会与部门的招聘网站进行合作招聘。

第三，校园招聘会，这种实习，会有企业的人力资源管理者专门带队招聘，有专业的培训和每天的实习报告。需要注意的是，大学生在找实习单位的过程中，切忌急功近利、胡乱投递简历或者轻信中介机构，这种情况下很容易上当受骗，甚至陷入传销陷阱。

4. 社会实践

关于大学生社会实践的定义，学术界虽表述不同，但都一致认为社会实践是大学生主观世界与外部客观世界发生联系并促使主体发生改变的行为。

大学生社会实践一般分为学校组织的暑期社会实践和社会招募的社会实践。学校组织的暑期社会实践包括去农村送科技知识下乡、到法院等单位旁听实习、乡村支教等，社会招募的社会实践包括做社区志愿者、做社区义工等。

（1）学校组织大学生参加暑期社会实践是很普遍的一种方式。现在很多高校会专门组织大学生参加暑期社会实践，时间一般在2个月左右。

（2）社区组织的志愿服务也是当前比较受欢迎的一种社会实践方式。一般大学生经过学校介绍或者自身努力，可以找一些政府机关或社区，采取无偿的方式进行锻炼。

5. 勤工助学

大学生勤工助学分为校内勤工助学和校外勤工助学。校内勤工助学一般有去图书馆整理图书、打扫教室卫生、给辅导员整理资料等。校外勤工助学一般有家教、到商店或公司兼职等。

勤工助学逐渐成为一种趋势，很多大学生会自发地参与这种实践性劳动，但是具体如何去做，还需要大学生根据自己的实际经济状况、学业情况，兼顾长期利益与短期利益来确定。

（二）大学生实践性劳动教育特征

大学生实践性劳动教育是以提升大学生实践劳动素养的方式，来促进大学生全面发展的一项教育活动。不同类型的大学生实践性劳动具有其特殊性。

1. 实验的劳动教育性

（1）明显的互动性。在实验过程中，教师以问题为引导，帮助学生借助一定学习资料，在实验中自行研究和探索，通过建构主义的方式不断地从已知到未知再到新的已知，从而在实验过程中不断获取新知。

（2）问题的导向性。在实验的不同阶段，教师以不同的问题为驱动力，引导学生尝试用通行的方法解决问题，将培养学生的问题意识、批判性思维技巧以及解决问题的实践能力作为教学的主要目标。当然，基于问题式的实验教学中的问题不是课后习题或者普通的问题，而是具有启发性、引导性、实践性，能激发学生思维模式产生变化的问题。

（3）思维的创新性。教育不应仅仅是现有知识的传授，更重要的是培养学生勇于对未知领域进行探索的精神及拥有创新的思维能力和研究能力，实验可以让大学生体验通过对研究对象的渐次追问和探究，逐步发现其本质的学习和研究的过程。

（4）教学方式的灵活性。为了更好地实施验证性实验，教师在布置完实验任务之后，应频繁在实验室中走动，观察学生的实验情况，了解学生对知识掌握的真实情况。同时，教师在观察的过程中，若发现学生在实验中有不当操作，可与学生及时探讨，引导学生走出实验误区，拉近学生与教师之间的距离，激发学生的求知欲，保证验证性实验的教学质量。

2. 实训的劳动教育性

（1）时间上的连续性。从整个周期来看，实训课程的整体设计就是将大学生需要掌握的技能有计划、有步骤地进行训练，各项技能之间也是相互促进的关系。因此，大部分大学生的实训课程从大学一年级就开始包括校外走访、寒暑假社会调查实践等。大学二年级的时候，开始进行专业实训，大部分在校内的实训室内进行，也有的在校外的实训基地开展。

（2）明显的情境性。大学生在未来的工作岗位中需要接触各种各样的人，面临的工作场景也会多种多样。因此，大学生的专业实训具有明显的情境性。具有多种情境的实训室，能够锻炼学生的各种应变能力。这在培养学生的综合素质等方面，具有不可替代的作用。职业能力的形成，离不开各种实训室情境的锻炼，大学生在今后的工作岗位中需要的分析能力、管理能力、观察能力都将会在实训室中得到提升。

（3）环境的模拟性。实训很难在真实的社会场景下进行。因此，院校就将实训室拿来模拟实际场景。实训室的模拟主要表现在岗位环境的塑造和真实场景的模拟再现。岗位环境的塑造主要包括将实训室按照真实的环境进行模拟，比如将办事人员须知、工作人员职责、各种规章制度等文件摆放在实训室，同时配置相关的硬件设备。比如电脑、打印机、复印机，还有应用软件，比如能够进行具体事务处理的相关软件及其他应用程序等。

（4）场景的模拟性。主要是指在实训过程中，实训老师要安排类似于真实工作岗位当中面临的具体情境，包括办事人员的安排、布置具体的实训操作任务等。这一切都是为了真实地再现工作场景，让正在实训的学生有一种身临其境的感觉。

3. 实习的劳动教育性

（1）时间的不固定性。国家对大学生实习时间没有具体规定，有的学校一般以企业实习协议为准，一般为约定工时的 90—180 天，但这段时间根据个人专业、所在学校或单位组织的不同而不同，即使同一专业不同学校的安排也不完全相同。但医疗行业尤为特殊，一般要求医学类大学生实习期最少为半年，长的有时会超过一年半。

（2）工作的实战性。实习一般是在企业实际工作场所进行。在工作场所实地学习，既可以让大学生亲身感受企业的工作氛围、了解企业的管理制度，又可以锻炼大学生的人际交往能力、团队合作能力，为大学生将来进入职场提供实践经验。

（3）目的的非营利性。尽管学生通过实习可以获得一定的劳动报酬，但实习的主要目的是学习应用专业知识与技能，并积累职场经验。大学生实习的主要目的是提高个人工作能力，但其在与企业签署的劳动协议中应明确实习费用，避免实习过程中产生不必要的经济赔偿纠纷。

4. 社会实践的劳动教育性

（1）环境的社会性。大学生社会实践活动是大学生走出校门，接触真实的社会环境，其主要目的是加速大学生社会化，使大学生全面认知和了解社会，逐步地适应社会，服务社会。

（2）目的的明确性。大学生社会实践是有目的性的活动，必须与社会的需求和学生的需求相结合。

（3）活动的教育性。大学生社会实践是党和国家对大学生进行思想政治教育，大学生树立正确的世界观、人生观和价值观的重要途径。传统的思想政治教育以说教和灌输的方式为主，大学生往往比较排斥，有逆反的心理，教育的实际效果不佳。通过参与社会实践活动，大学生亲身经历和感受社会生活，进一步贴近人民群众，走近生活，了解社会，知晓国情，自觉地将个人融入社会，培养集体主义和爱国主义精神，自觉将个人命运和祖国发展结合起来，自觉树立责任感和历史使命感。同时，在实践活动中将课堂教学和社会教育结合起来，大学生能够学以致用，提高综合素质和能力。

（4）形式的多样性。目前的大学生社会实践活动形式有很多种，如"三下乡"，科技、文化，卫生服务，科技创新实践活动，课外竞赛实践，志愿服务等。大学生社会实践的途径多样，既有团委、学工部门等相关职能部门组织的，又有学院结合专业需要安排的，还有学生自发组织或参与的各类社会实践活动。

（5）服务性。服务性是大学生社会实践的显著特征。近年来，大学生社会实践通过青年志愿者协会这一组织来实现服务社会的功能，已经成为我国大学生积极投身社会实践、服务社会的重要形式。大学生运用自己所学的文化知识，为社会提供义务服务，在服务中认知社会，开阔视野，提升自身素质，迅速成长。社会各界对大学生青年志愿服务表示充分的赞扬和肯定，青年志愿者服务社会的成功效应，也使大学生社会实践的知名度和美誉度不断提升。

（6）阶段性。各学校、各专业依据大学生自身专业学习的实际需要，在大学学习期间安排一定量的社会实践活动，这项活动的开展受控于社会相关单位的需要和学生适应社会实际工作的双向选择，并与开展活动的阶段性计划匹配。高校可以针对不同阶段的大学生的实际情况与特点开展不同内容和类型的社会实践。

5. 勤工助学的劳动教育性

（1）明显的组织性。校内大学生勤工助学活动不是随意性、偶然性发起的，而是学校学工部等部门的重要工作内容，具有机构和制度的双重保证，具有明显的组织性。目前，国内高校大多成立了负责管理勤工助学事务的机构或部门，这类工作部门通过国家和教育部门制定的勤工助学管理制度对贫困大学生开展资助计划。要尽可能多地为贫困大学生创造勤工助学机会。勤工助学管理部门主要负责发布勤工助学岗位信息、审核申请者家庭经济状况、管理勤工助学学生、发放各类勤工工资等工作，具有很强的组织性和制度性。

（2）周密的计划性。勤工助学工作是一项长期的、系统的工作，必须制订长期工作计划才能保证工作顺利开展。学校对于不同家庭经济条件的学生，要给予不同的勤工助学岗位；对于具有不同专业特长的学生，可以根据专业和爱好对口原则，合理安排勤工工作岗位。

（3）显著的社会性。学校开展勤工助学工作必须以保证不影响学生正常学习为前提，要在保证学生在学习各种专业知识的基础上，鼓励学生利用课余时间来完成勤工工作任务。许多大学生勤工助学岗位的创造，利用了社会力量和资源，这使得大学生勤工助学具备了社会性特征。

（4）岗位的多样性。一般来说，高校为学生提供的勤工助学岗位是多种多样的。一方面，学校不同部门提供的工作岗位就与其部门业务有关，因此不同部门的岗位工作内容是不相同的；另一方面，高校可以灵活设置各勤工助学工作岗位内容，即使是同一个工种，也会有多样性特点，例如弹性的上班时间、负责的具体业务各异等。

（5）发展的产业化。高校勤工管理部门利用学校丰富的人力资源，依托学校开办校企，将勤工岗位转变成具有职业性质的工作并充分发挥勤工助学长效性的特点，将学生勤工工作与市场经营结合起来，创造丰厚的产业利润，而利用这些利润又可以提供更多的勤工助学奖励名额，使得勤工助学与产业化经营形成良性循环。目前，勤工助学产业化最先进的高校有华中科技大学、东南大学、上海交通大学等高校，其中华中科技大学推出的"光谷勤工助学人才基地"，不仅充分利用学校丰富的人力资源提升了产业化经营效率，还给参与勤工助学的学生带来了丰厚的经济回报，大大缓解了他们求学的经济压力。

第三节　大学生实践性劳动教育的评价探索

大学生实践性劳动教育是高等教育人才培养过程的一部分，如何评价大学生实践性劳动教育的效果，需要根据劳动教育的整体目的去考虑。如前所述，大学生实践性劳动教育的目标重在培养大学生的实践性劳动素养促进其全面发展。因此，进行大学生实践性劳动教育的评价要围绕这一目标进行。

一、大学生实践性劳动教育的评价原则

在评价大学生实践性劳动教育时，高校要根据大学生实践性劳动教育的目标和特点遵循以下基本原则。

（一）坚持劳动教育和思想教育相结合

就劳动教育的积极作用来看，劳动教育也是思想教育的重要内容，其本身就具有很强的思想教育属性，在培养大学生优良劳动品德的过程中，要强化诚实劳动、人本关怀、家国情怀。开展大学生实践性劳动教育，能够将大学生培养成有着良好劳动精神和品质的人，能够让大学生善于劳动、热爱劳动，掌握一定的劳动知识和技能，成为高素质劳动者。高校在具体的劳动教育过程中，要将社会主义核心价值观融入其中，在劳动教育中挖掘深层的思想教育内涵和价值；要善于开发一些具有创造性、思想性、教育性、实践性的劳动实践项目，借助各种劳动形式，促进大学生劳动实践能力的提升以及创新能力的培养，让大学生在参与劳动实践的过程中不断提高思想道德水平，提升思想境界。

（二）坚持循序渐进和因材施教相结合

开展大学生劳动教育不是一蹴而就的，劳动教育不仅需要循序渐进，也需要因人而异。高校在相关劳动教育活动和实践项目的开展过程中。首先，需要考虑大学生参与相关实践活动的可行性问题。只有充分了解大学生的自身知识基础和能力现状，才能做到因材施教。其次，高校要把握学生的年龄特点、性格特点、专业差异等，有针对性地开展不同的劳动教育控制劳动时间和强度，做好劳动评价工作，这样才能够因材施教，促进劳动教育工作循序渐进地开展，促进相关劳动教育目标得以有效实现。

（三）坚持与时俱进和学以致用相结合

新时代，开展大学生劳动教育工作，需要在劳动教育内容上紧密结合时代特征，要把握当前社会经济的发展形势和大学生全面发展的需要做好劳动教育内容的创新规划和设计，力促大学生劳动教育的形式和内容的不断创新，强化劳动教育信息化、时代化、全球化发展目标实现，将劳动教育和生产实践、社会实践、学生专业实践等有效结合起来，让大学生能够通过劳动教育促进理论和实践相结合真正做到学以致用，提升劳动教育的价值和实用性。

（四）坚持校内教育和校外教育相结合

学校作为大学生实践性劳动教育的主阵地，承担着大学生实践性劳动教育的主要任务，但同时也不能忽视大学生劳动教育的家庭环境、社会环境等影响因素要积极建立校内校外的联动劳动教育机制在校园内要注重对大学生的劳动观念教育，在校园外要注重家庭以及社会在大学生劳动实践能力和技能提升上的作用发挥，强化内外联动，让大学生的劳动教育能够系统化、规范化，实现联动目标。这样，大学生能够在校接受劳动价值观念引导，强化劳动价值理念和理论，在家庭里以及社会中能够积极践行相关理念和理论、锻炼劳动技能、培养劳动习惯等，真正实现劳动教育的学校、家庭以及社会的协同，不断提升劳动教育成效。

二、大学生实践性劳动教育评价方法

（一）过程性评价和总结性评价相结合

过程性评价是指在实践性劳动教育过程中为改进和完善实践性劳动而进行的评价。比如，参与某一活动中的测试。总结性评价是指在一个大的实践性劳动教育阶段、一个学期或一门课程结束时对实践性劳动教育结果的评价。又如，大学劳动素养毕业测评。过程性评价和总结性评价相结合有助于考查大学生实践性劳动的全过程表现，能更完整地评价实践性劳动教育的效果。

（二）相对性评价和绝对性评价相结合

相对性评价常以常模为参照点把学生个体的学习成绩与常模相比较，根据学生在该班中的相对位置和名次，确定代实践性劳动素养在该班中是属于"优""中"还是"差"，所以又称之为常模参照性评价。绝对性评价又称目标参照性评价，是运用目标参照性测验对学生的实践性劳动素养进行的评价，它不以评定学生之间的差异为目的，而是主要依据劳动目标来测量学生的素养，判断学生是否达到了实践性劳动教育的目标。相对性评价和绝对性评价相结合有助于考查大学生在实践性劳动中劳动素养的形成情况，能更科学地评价实践性劳动教育的效果。

（三）自评与他评相结合

自评是自己根据实践性劳动教育的目标和自己的实践状况对自己的劳动素养进行自我

评价；他评是同学或老师对自己进行实践性劳动评价。两种评价相结合有助于考查大学生在实践性劳动中劳动素养的形成情况，能更科学地评价实践性劳动教育的效果。

理论与实践相结合。坚持理论与实践相结合，即不仅以书面测试的方式来考查学生对实践性劳动教育课程理论的掌握情况，还要以实践性劳动心得体会、答辩交流等形式考查学生的劳动实践成果，根据学生在实践性劳动过程中的组织纪律、劳动态度、劳动质量等方面的情况开展评价。

第六章 大学生创新创业性劳动教育的有效实施

第一节 大学生创新创业性劳动活动及其素养分析

一、大学生创新创业性劳动的背景

(一) 社会主义市场经济推动创新创业

社会主义市场经济为创新创业提供生存土壤和发展条件,对创新创业有着直接的、显著的影响。科技是第一生产力,创新是引领发展的第一动力,只有加快完善社会主义市场经济体制才能进一步解放和发展生产力,实现创新要素的集聚和有效配置推动创新创业,提升我国的创新能力和全球竞争力。

(二) 创新创业驱动供给侧结构性改革

供给侧结构性改革有三大任务:结构优化、创新驱动、改革引领。其中创新驱动是供给侧结构性改革的核心。供给侧结构性改革离不开创新创业活动的强力推动。创新创业是一个不断解放和发展生产力、变革生产关系的过程,当前我国经济已由高速增长阶段转向高质量发展阶段,创新创业的逐步深化推动着社会主义市场经济加快新旧动能转换和经济结构升级,有力地拓展经济社会发展的空间,是促进社会主义市场经济健康发展的新引擎。

二、大学生创新创业性劳动教育及形式

"大学生在创新创业期间,应当有劳动教育的科学指导。把新时代劳动教育渗透到大学生创新创业双创课程当中是十分有必要的,这种教育能够在大学生的内心深处生根发

芽，继而实现育人的效果。"[①] 大学生创新创业性劳动教育是高等学校劳动教育的重要内容，旨在培养能将新知识、新技术、新工艺、新方法应用到生产实践并产生效益和价值，具备职业潜能和自我实现能力的复合型创新创业型人才。其核心价值取向是培养大学生的马克思主义劳动观、创新精神、创业意识以及创造性劳动能力。

大学生创新创业性劳动教育目的是培养大学生适应并投身社会主义市场经济建设，在生产实践中提升发现问题和创造性地解决问题的能力；让大学生在创新创业性劳动中体验社会物质财富的创造过程，增强产品质量意识，体会平凡劳动的伟大；培养大学生职业能力，为大学生未来的职业生涯做好准备，帮助其更好地实现社会价值与自我价值。

（一）大学生创新创业性劳动教育的必要性与紧迫性

1. 大学生创新创业性劳动教育的必要性

（1）经济社会发展的迫切需要。创新是引领发展的第一动力，当今世界的强国无一不是创新强国、科技强国。国家间的较量不仅仅体现在经济上，更体现在创新上。当前，世界正在迎来以大数据和人工智能为核心的第四次工业革命，第四次工业革命正催生创新型社会。创新创业人才培养成为社会转型升级的关键环节，创新创业性劳动教育是培养创新创业人才的必经之路，大学生作为社会上最具活力、最具创造性的群体，应该积极关注社会经济发展的需要和民生发展的需要，学好创新创业性劳动知识，树立正确的劳动价值观，养成良好的劳动品质，才能走在创新创业的前列，适应社会发展的需求。

（2）高等教育发展的必然选择。大学生创新创业性劳动教育是适应经济社会发展和高等教育自身发展需要，而产生的劳动教育理念与形式，是高等学校劳动教育的重要内容和核心特征。

（3）提高大学生综合素质的必然之举。大学生综合素质的提高不仅仅需要"向内的教育"塑造他们的身体、精神和灵魂，培养其理想、信念和价值观，更需要"向外的教育"，培养他们的核心技能、劳动技能，使其有一技之长，获得在社会中实现自我价值的本领。大学生创新创业性劳动教育的开展建立在多学科交叉的基础之上，兼具专业教育和通识教育的双重属性，贯穿人才培养的全过程，是实现两种教育有机统一的重要举措。高校通过创新创业性劳动教育，为大学生提供展示自己的平台，大学生可充分挖掘自身潜力，提高知识的实际运用能力和创新成果转化能力，增强社会适应力，为以后的就业和创业打下坚实基础。

---

① 张晨曦. 新时代劳动教育融入大学生创新创业双创课程的可行性研究 [J]. 青春岁月，2021（2）：122.

(4) 促进大学生职业发展的重要举措。

首先，大学生创新创业性劳动教育注重帮助学生树立正确的职业观、劳动观，养成良好的劳动品质，引导学生作出合理的职业规划，谋求自身的长远发展。

其次，大学生创新创业性劳动教育为学生提供了解社会发展新形势、新需求的渠道，帮助学生提前熟悉创新创业的过程和环境，让学生及时认识自身不足，有针对性地补充学习，增强技能，提升综合素质，进而树立就业信心，做好职前准备。

最后，大学生创新创业性劳动教育可以促进学生从被动就业向主动就业转变，可以创造更多的就业机会，进一步缓解就业压力。

2. 大学生创新创业性劳动教育的紧迫性

(1) 大学生创新创业性劳动教育助力大学生挑起时代大梁。劳动教育在各学段间既有连续性又各有其特殊性。其中创新创业性劳动教育是大学劳动教育区别于中小学劳动教育的核心特征。从教育性质看，基础教育阶段更关注教育过程与教育自身，高等教育阶段更强调教育和社会之间的关系。大学生创新创业性劳动教育，就是立足这一关系展开的，在于提高大学生适应经济社会快速变化的能力，培养中国特色社会主义事业所需的创新创业型人才。

从个体身心发展的特征看，个体生理和心理的成熟需要一个循序渐进的过程，基础教育阶段学生的肢体发育、心智水平和知识储备都尚不具备理解和从事以创新创业为主的生产性和服务性劳动的能力。高等教育阶段，大学生在学习和锻炼中逐步提高自主活动能力和与外界沟通协调的合作能力，能够自主参加复杂的真实劳动。这种劳动是非模拟的，按照现实劳动审查和付酬。从大学生自身出发，大学生拥有较强的奉献精神和服务意识，担负着实现中华民族伟大复兴的中国梦的新时代使命，大学生创新创业性劳动教育助力他们挑起时代的大梁，奉献青春和力量。

(2) 大学生创新创业性劳动教育助力大学生劳动素养的养成。在社会环境、成长经历和应试教育等因素的长期影响下，当前大学生对创新创业性劳动的认知不足，劳动观念淡薄，尤其对创新创业性劳动的意义和价值缺乏了解。对创新创业性劳动的认知不足，影响大学生对创新创业性劳动的态度。青年一代在充分享受国家改革发展红利的同时，也逐渐变得缺少开拓创新、艰苦创业的精神，缺少积极奉献的意识，这些都阻碍了对大学生创新能力的培养和创业精神的培植。在当前高等学校的人才培养体系中，大学生创新创业性劳动教育仍是薄弱环节，以致不少大学生直到毕业都没有做好参与社会生产劳动的思想、心理和技能准备。无论是社会发展还是自身发展都亟须大学生具备较高的创新创业性劳动素养。

（二）大学生创新创业性劳动教育的类型

1. 按大学生创新创业性劳动教育性质划分

创新创业性劳动是生产劳动的一种形式。大学生创新创业性劳动教育按性质划分，可分为大学生创新创业性劳动理论教育与大学生创新创业性劳动实践教育。

大学生创新创业性劳动理论教育旨在让大学生深刻认识创新创业性劳动的理念、目标、内容，以及创新创业性劳动的途径；理解大学生创新创业性劳动的重要价值和规律，培育创造性劳动的意识；掌握利用学科专业进行创新创业性劳动的方法；运用科学理论指导创新创业性劳动实践，进而提升素养，树立正确的创新创业性劳动价值观。

大学生创新创业性劳动实践教育是在一定的创新创业性劳动理论的指导下，引导大学生通过多种途径和形式直接参与真实的创新创业活动，充分发挥专业水平，发掘自身创新潜力，积累创新创业实战经验，提高创新创业性劳动能力的过程，是培养学生掌握创新创业性劳动的科学方法和提高实践水平的重要途径。

大学生创新创业性劳动理论教育与实践教育缺一不可，大学生创新创业性劳动理论教育是大学生创新创业性劳动实践教育的基础，指导创新创业性劳动实践。大学生创新创业性劳动实践教育是巩固理论知识和加深对理论认知的有效途径，也是培养创新创业能力的重要环节。二者贯穿人才培养的全过程，相互补充、相互促进，共同培育大学生的创新创业性劳动素养。

2. 按大学生创新创业性劳动教育内容划分

大学生创新创业性劳动教育按内容划分，可分为大学生创新性劳动教育与大学生创业性劳动教育。

（1）大学生创新性劳动教育。引导学生突破惯例的劳动思维方式、生产方式、组织方式，通过脑力劳动实现知识、技术、思维的革新，增强创造性劳动意识和能力的活动。

（2）大学生创业性劳动教育。创业也是一种劳动方式，大学生创业性劳动教育旨在培养尊重创业劳动，具有创业精神、创业意识、创业能力的劳动人才。高校通过创业劳动理论和实践训练，提高学生的创业性劳动素养，鼓励学生通过创业为开创中国特色社会主义事业新局面作出贡献。

大学生创新性劳动教育和大学生创业性劳动教育虽然在内容上有所不同，但教育目标一致，都是为了全面提高大学生的创新创业性劳动素养，引导大学生投身以创新创业为核心的生产劳动实践中去，培养合格的社会主义事业建设者和接班人。

（三）大学生创新创业性劳动的主要形式

1. 参与校企合作项目

校企合作主要有两个方面：第一，高校和企业合作进行技术开发、技术创新；第二，企业和学校合作进行人才培养。无论哪个方面的合作都需要学生参与其中。学生参与校企合作项目是最直接的创新创业性劳动，学生可以深入企业的生产、销售一线，了解企业的生产经营状况，在生产实践中进行技术创新、管理创新，将所获得的生产、管理技术创新及经验运用到创业中。

2. 参加创新创业竞赛

在"双创"背景下，大学创新创业性劳动教育受到高度重视，各级各类大学创新创业赛事林立。大学生参与创新创业竞赛是创新创业性劳动的重要形式。

3. 创立与经营小企业

创立与经营小企业是大学生对创新创业性劳动的深度参与。国家积极鼓励大学生自主创业，出台很多与大学生创业相关的扶持政策，创业形式以大学生具有优势的服务型创业、高新技术创业为主，具体形式包括校园代理、个人网店、动漫嘉年华等。

大学生创业模式主要有四种：①个人独资，是指大学生个人或者几个人创办的"工作室型小企业"；②以股份形式合资成立法人股份制的小型公司，一般由家长、亲戚作为后盾，提供资金支持；③依托大型企业，凭借其品牌和客户关系网进行创业；④创业园模式，利用国家的优惠政策，凭借自身专业技术或完善的创业计划在国家兴建的创业园区创业。

大学生参与创新创业性劳动的形式多种多样，除上述几种主要形式，还可以根据自身实际情况选择假期的兼职打工、试申请专利、试办商标申请、举办创意项目活动、创建电子商务网站、谋划书刊出版事宜等多种形式。

三、大学生创新创业性劳动素养

（一）大学生创新创业性劳动观

1. 尊重劳动

尊重劳动是大学生应具备的基本创新创业性劳动观。人类有目的地作用于自然界，利用劳动改变自然物的形态与性质，使各种原料成为人类生活需要的财富，因此劳动和自然界一起构成了一切财富的源泉。劳动对社会的贡献不可替代，大学生必须树立尊重劳动的创新创业性劳动观，才能紧跟时代、肩负使命、锐意进取地做到勤于学习、善于实践、兢兢业业、精益求精，把自身的前途和命运同国家与民族的前途及命运紧密联系在一起，为共同理想和目标而团结奋斗。

2. 勇于创新

创新是大学生应具备的核心创新创业性劳动观。创新是促进社会发展的最强动力，如果社会一直处于因循守旧的状态，那么社会实质上是处于倒退的状态。因此，作为祖国未来的栋梁与时代的先锋，大学生要树立勇于创新的劳动观，在劳动中突破传统、大胆尝试，源源不断地开发个人的创造潜力，实现个人的发展目标，同时也为社会发展贡献力量。创新创业是一个充满挑战的过程，勇于创新的创新创业性劳动观要求大学生具备挑战精神，保持一种积极的状态，不怕失败与挫折，目标明确，坚定执着。

3. 把握机遇

把握机遇是大学生应具备的重要创新创业观。许多创新发现来自偶然的机遇去寻找和发现创新创业的机会。机遇通常留给有准备的人。在信息化快速发展的当今时代，社会中并不缺少机遇，缺少的是把握机遇的观念和能力。很多大学生对于创新创业的认识片面，甚至消极，往往把它视为无法就业之后的选择，并未认识到创新创业本身蕴含着的巨大机遇，而且通过培养创新创业能力，可以更好地把握机遇。近些年，国家为了大力推动创新创业性劳动教育的发展和促进学生的劳动教育，为大学生提供了许多创新创业的平台和机遇，大学生需要做的就是积极参与其中，寻找创新创业机会。

4. 团队合作

大学生创新创业性劳动观还包括团队合作观念。在开放的社会里，团队合作是必然的，它是组织发展最根本的动力，大学生不具备团队合作观念很难适应社会。团队良好合作可以调动团队成员的所有资源和才智，特别是当团队合作出于自觉自愿时，将会产生一股强大而且持久的力量。创新创业性劳动是一个复杂的系统工程，需要资金、人力等多方面的协作，团队合作有利于目标达成。团队合作充分尊重成员的个人意见，又要在此基础上达成团队共识；团队合作观还需要具有良好的沟通意识，沟通交流是团队合作的"润滑剂"。

5. 正确的职业观

职业观是人们对职业理想、职业评价、职业成功等方面的综合评价。大学生应当树立正确的职业观。正确的职业观包括注重个人与组织的共同发展、重视并做好职业规划、愿意接受具有挑战性的工作、职业成功评价标准去多元化、注重工作与生活的平衡等。当代大学生要培养和发扬劳模精神，具备主人翁意识和艰苦创业的精神、忘我的劳动热情和无私的奉献精神、良好的职业道德和爱岗敬业精神，敢于担当，到艰苦、边远地方去，到国家和人民最需要的地方去。当代大学生还要培养和发扬工匠精神。工匠精神是一种职业精神，它是职业道德、职业能力、职业品质的体现，是从业者的一种职业观和行为表现。工匠精神的基本内涵包括敬业、精益、专注、创新等方面的内容。大学生只有具备工匠精神，才能更好地开展创新创业性劳动，为未来的职业生涯发展打下坚实基础。

（二）大学生创新创业性劳动应具备的知识体系

1. 学科专业知识

大学生参与创新创业性劳动需要以所学的学科专业知识作为学术背景，以专业知识指导创新创业性劳动。系统、全面、精深的学科专业知识是创新创业的强大支撑，缺乏深厚的学科专业知识就失去了创新创业的基础。因此，大学生首先要学好自己所在专业的学科专业知识，这是大学生进行创新创业性劳动必须具备的最基本、最重要的知识体系。大学生的学科专业课程学习，要与创新创业性劳动相融合。大学生在研学过程中要增强自身对专业领域的新理论、新技术、新方法的理性认识和感性认识，关注学科前沿，激发研究兴趣，培养质疑精神，并思考如何将其运用于创新创业性劳动中，或如何将创新创业性劳动嵌入学科专业知识学习中；同时，在学科专业知识学习中，要培养自身的创新思维、创新意识等。

2. 组织管理知识

创新创业离不开组织管理，大学生进行创新创业性劳动需要具备相应的组织管理知识，通过学习组织管理知识，培养并丰富创新技能、提高创新基本素质；熟悉创业流程、掌握创业技巧、积累创业经验。

3. 法律法规知识

学习和了解国家相关法律法规是大学生进行创新创业性劳动所必备的条件。在创新创业性劳动中，大学生不可避免会遇到相关的法律问题。学习法律法规知识，可以使大学生深刻理解作为公民的权利和义务，使其能够在日后的学习、工作、生活中正确地行使相应的权利，正确地履行其应尽的义务。充分了解相关法律规定，可以使大学生更能在创新创业性劳动中免受困扰，保护好自身生命、财产安全；可以使大学生增强法律意识，领悟到法律的深层内涵，更加理性地处理创新创业性劳动事务。相关法律法规知识包括：创新性成果保护的法律法规；企业创设的法律法规；企业经营的法律法规；企业人力资源管理的法律法规。

4. 风险防范知识

风险防范是有目的、有意识地通过计划、组织、控制、检查等活动来预先安排防范活动，规避或阻止风险损失情况的发生，降低损失发生的影响程度，从而维护全局利益，大学生参与创新创业性劳动会承担各种风险，因此为了保证参与创新创业性劳动的各种安全，大学生需要拥有良好的风险防范意识。大学生应通过风险防范类课程学习，了解和掌握相关知识。

（三）大学生创新创业性劳动应具备的能力体系

1. 创新能力

创新能力是个体运用一切已知信息，包括已有的知识和经验等。产生某种独特、新颖、有社会价值或个人价值的产品的能力。它包括创新意识、创新思维、创新技能三部分，核心是创新思维。大学生进行创新创业性劳动，积极开拓创新。

（1）需要积累各方面知识，增加自己的学识、开阔自己的眼界。积累知识是创新的基础，知识面越广就越有可能把握住各种机会，运用已有知识和个人创意进行创新。

（2）大学生需要培养自身的想象力。想象作为人类的一种特质，出现在人的各类活动中并且占有重要地位，想象力是知识进化的源泉。因此，大学生要敢于展开想象，不断提升自身的想象力，运用独特的想象进行创新。

（3）大学生需要培养发散性思维能力。发散性思维又称创造性思维、求异思维，是沿着不同方向、全方位、多层次地寻找解决问题答案的一种思维方式，它具有反向思维、侧向思维和多向思维三种形式。在创新创业性劳动中，发散性思维有助于大学生从不同角度、全面地看待问题和构思答案，从而更好地服务于创新创业性劳动。

2. 交往能力

交往能力是指与周围环境间广泛联系和对外界信息的吸收、转化能力，以及正确处理各种关系的能力，主要包括表达理解能力、人际融合能力、独立解决问题的能力，由人际感受力、人事记忆力、人际理解力、人际想象力、风度和表达力、合作与协调能力构成。

人际交往能力是贯穿大学生创新创业性劳动过程始终的一种重要能力，对最终结果有巨大影响。良好的人际交往能力能够使大学生感知并把握他人的情感、思想、心理，抒发自身的真情实感并获得他人的认可和欣赏，最终使大学生在创新创业过程中与相关人群建立良好的合作关系，取得最后的成功。培养人际交往能力，应当不断完善自身人格，应当处理好各种关系，包括同学关系、朋友关系、师生关系、亲属关系等。

3. 实践能力

实践是人们能动地改造和探索现实世界一切客观物质的社会性活动，是有步骤、有目标且为实现目标而有计划性实施的个人或团队活动。创新创业性劳动本质上是一种实践活动,实践动手能力强的学生更有可能获得成功。只有亲身实践才能更加深层地领悟知识、运用知识、拓展知识、创新知识。

（1）有详细、科学的行动计划,按计划行事能够极大地提高大学生创新创业性劳动的效率,降低临时头脑风暴所带来的风险。

（2）掌握方法是提高实践能力的核心,所谓"闻道有先后,术业有专攻",每个行业的发展都有其独特的方法,大学生在创新创业性劳动中也需要掌握相应的方法。

（3）在实践后及时进行总结,反省,审视自己的得失,找出原因才能明白怎样应对问题、怎样规避风险。大学生所进行的创新创业性劳动更多的是在未知领域的逐步探索,学会总结、反省有助于大学生积累创新创业性劳动经验,在未来更好地从事创新创业性劳动。

4. 融资能力

资金是创新创业所必备的关键资源,缺乏资金,创新创业就是无本之木、无源之水。因此,融资能力是大学生进行创新创业性劳动的重要能力。融资能力是指大学生通过自身的努力从多种渠道获取长期优质资本的能力。目前,大学生创新创业融资的途径主要有通过产学研合作项目由企业和学校资助获得资金、通过参加各级各类创新创业大赛获得资金、通过政府的大学生创业专项贷款获得资金、通过自身的人际关系（如校友赞助）获得资金、通过技术创新获得资金等。良好的融资能力需要信息畅通,能及时了解融资信息；要善于开发与利用人际资源；要积极主动出击,抓住每一个可能的融资渠道；要有良好的心理素质,不胆怯,不害怕失败。

5. 市场开拓能力

市场开拓能力是通晓市场运行规律、寻找并开发新市场的能力,是企业在市场竞争中取得胜利的一个关键因素。大学生进行创新创业性劳动,需要培养市场开拓能力。

市场开拓能力具体包括四个方面：①市场预测能力。以技术创新为基础的创业活动,需要做好市场调研,了解市场需求,做好市场细分和定位。②市场营销能力。组建好的营销团队和制订好的营销策略,扩大新产品营销渠道。③市场竞争能力。思考与规划如何使自己的产品更符合市场需求、更符合未来的发展趋势,找出创新方向,增强企业活力和提高企业未来市场占有率。④市场时机选择能力。准确选择新产品进入市场的时机,过早会因为顾客缺乏相关技术的基本知识,而使产品被推迟接受；过晚则很难占领市场,并面临其他新产品的威胁。

第二节　大学生劳动教育与创新创业教育的深度融合

"劳动教育与创新创业教育是我国高等教育的重要组成部分。"[①] 高校劳动教育和创新创业教育之间有着密切的关系，高校结合自身特点和优势将二者进行深度融合并贯穿于人才培养的全过程，有利于培养更多全面发展的优秀人才。

一、大学生劳动教育与创新创业教育深度融合的内在逻辑

劳动教育与创新创业教育的教育目标具有很强的互促性，主要体现在：①劳动教育可以成为创新创业教育的基石，帮助大学生形成科学的劳动认知，从而为创新创业教育提供正确的价值引导，为大学生今后从事创新创业活动奠定坚实的基础。②创新创业教育有助于大学生正确认识劳动价值，引导大学生主动参与劳动创业，有效提升大学生智力劳动素养。

（一）教育内容融通

目前，高校劳动教育与创新创业教育的教育内容大多涉及思想理论教育、知识技能教育与实践锻炼三方面，具有较强的融通性。劳动知识教育方面，除劳动专业知识和技能，还包括大学生毕业后走上职场所需要的劳动心理健康、劳动法律法规等方面的实用知识；在劳动实践教育方面，通过组织大学生参加志愿服务、社会实践、岗位实习等方式，引导大学生走出教室，在实践中不断提升劳动能力。

创新创业思想教育也以马克思主义理论为指导，重点培养学生的创新创业意识，引导大学生开展劳动创业活动。在创新创业知识教育方面，除创新创业专业知识和技能，还包括大学生毕业之后从事创业所需要的创新创业心理、创新创业政策法规等方面的知识；在创新创业实践教育方面，鼓励大学生参加学科竞赛、"互联网+"大学生创新创业大赛等实践活动，从而促进大学生职业发展。

综上所述，二者都是以马克思主义理论为指导，均注重以专业知识为基础加深对相关知识的学习，并强调在实践中磨炼意志、增长本领，从而使大学生综合素质得以提高。

[①] 胡婷婷，钱俊. 高职院校劳动教育与创新创业教育融合的可能性、困境和进路［J］. 教育与职业，2022（24）：108-112

（二）教育方法相通

劳动教育与创新创业教育是相同的教学方法，二者具有相通性。新时代高校劳动教育不仅要传授知识、讲解技能，更要注重加强劳动实践，才可以真正培养担当民族复兴大任的时代新人。只有组织大学生积极参加各种类型的劳动实践项目，才能有效激发大学生的劳动兴趣，让大学生在"手脑并用"中提高劳动能力，进一步树立马克思主义劳动观。

创新创业教育本质上是一种创造性活动，要求受教育者将学习到的创新创业知识和技能付诸劳动实践。创新创业教育不能停留于"纸上谈兵"，而是需要付诸实践，大学生只有亲身参与创新创业实践活动，在实践中感受创新创业思想、提升创新创业能力，才能体悟"实践出真知"的道理。同时，积极整合校内外教学资源，有机结合线上与线下教学，从而不断提升大学生劳动能力和创新创业能力。

（三）教育功能相合

劳动教育与创新创业教育功能相合。劳动教育是基于人的本质来提升个体劳动素养的教育方式。劳动教育的功能在于培养学生形成适应经济新常态的劳动观念和劳动技能，为国家和社会培养一大批脚踏实地、吃苦耐劳的合格劳动者，帮助学生在实现自身价值的同时为社会发展贡献力量。创新创业教育是保民生、稳就业的重要举措，主要功能在于培养和锻造学生的创新创业精神，提高学生市场应变能力，在满足个体发展需求的同时缓解结构性就业矛盾，从而促进社会和谐稳定进步。培养学生良好的劳动价值观、创新精神、实践能力，在教育功能上是互为补充、协同共促的，有利于提高大学生的就业稳定率和创业成功率，从而实现更加稳定、更有质量的创业就业。

二、大学生劳动教育与创新创业教育深度融合的有效路径

（一）观念先行，树立"融合共生"的育人理念

致力实现人的全面发展是马克思主义政党的鲜明特征，不仅是社会主义教育的本质要求，也是劳动教育与创新创业教育共同的价值旨归。因此，新形势下高校要想有效推动劳创深度融合教育工作的持续发展，就必须转变教育观念，主动树立"融合共生"的育人理念，将促进学生的全面发展贯穿于劳创深度融合的始终，以培养出更多具备综合素质的时代新人。

首先，应不断提升对劳创深度融合育人作用的认识。高校劳动教育要为创新创业教育提供充足的原动力，引领劳创深度融合深入推进。高校领导和专任教师应深刻认识和理解

劳动教育的本质，将马克思主义劳动观融入创新创业教育之中，在劳创深度融合教育中培养勤劳肯干、开拓进取、诚实守信的创新创业品质，从而推动大学生的全面发展。教师还应通过不同途径、多管齐下，有效激发大学生劳动意识，引导大学生积极参与各种创新创业实践活动，让大学生在创新创业实践中体悟劳动之艰、劳动之美，实现劳动教育与创新创业教育的同向、同频。

创新创业教育要为高校劳动教育提供新的教育内容和实践载体。创新创业教育是一种新的教育理念，它可以赋予劳动教育新的理念与实践模式，从而促进二者的深度融合发展。高校通过引导大学生积极参与创新创业教育可以提升大学生劳动素养、坚定大学生创新意识，从而更好地验证并巩固劳动教育成果。

其次，不断深化师生对劳创深度融合的理解。高校应通过"外部嫁接"的制度化手段，生成劳创深度融合育人效应，不断提高师生对二者内在关联的理解程度。高校应通过"内部生成"的战略性规划，明确劳创深度融合育人目标，不断加大师生对二者深度融合的支持力度。

最后，加强劳创深度融合的理论研究，以科学理论指导实践工作。要想提升劳创深度融合的教育效果，必须坚持以科学理论为指导，这就要求广大教师必须以习近平劳动教育重要论述为指导，开展劳创深度融合的理论研究，从而建构一套深度融合的理论体系，为劳创深度融合的顺利开展提供指导。综上所述，树立"融合共生"的育人理念可以指引、促进劳创深度融合，进而为大学生的全面发展奠定坚实基础。

(二) 加强管理，健全"融合共赢"的育人机制

系统全面的育人机制是推动劳创深度融合发展的基石，高校只有建立健全劳创深度融合育人机制，才可以推动二者的互利共生、双向深化，不断提升协同育人成效。

1. 加强劳创深度融合发展的组织保障

劳动教育和创新创业教育是新时代高校教育的二个重要育人方向，要想实现二者深度融合有序发展，就需要高校建立严格、有序的组织体系，以确保劳创融合育人取得实效。高校可以设立校级、院级劳创融合保障机构，确保全员参与到劳创深度融合育人实践中，并使各自职责得以充分发挥。

2. 完善劳创深度融合督导机制

为切实推动劳创深度融合育人工作做深做实，高校还应加大对劳创深度融合育人工作的监督力度，及时发现和解决工作中出现的问题。

3. 应着力完善劳创融合素养评价机制

高校应建立健全教育评价机制，加强校内、校外评价同步推进，定期对大学生劳动素

养和创新创业素养进行记录和考核，形成质量考核标准，更好地发挥教学评价的积极作用。与此同时，高校应科学合理地分析教学评价反馈信息，在此基础上及时对劳创深度融合进行调整优化，从而更好地提升大学生的劳动素养和创新创业素质，培养契合社会发展需求的优秀人才。

（三）摸清需求，建设"融合共享"的育人课程

打造"融合共享"的育人课程体系不仅是高校实现"三全育人"的基本途径，也是高校落实立德树人根本任务的重要载体。课程直接关系到学生能否全面成长，是实现劳创深度融合育人的重要途径。高校作为培养时代新人的重要基地，应立足第一课堂，加快打造"融合共享"的育人课程体系，要结合劳动教育和创新创业教育课程设置需要具备的知识结构，以劳动教育课程体系为载体探索创新创业教育知识的融合与应用，并在专业课程体系中融入劳动教育与创新创业教育元素，从而不断提升学科协同育人成效。高校劳动教育和创新创业教育都需要将"面向全体""结合专业"融入人才培养全过程，这就决定了劳创深度融合育人课程是一种面向全体大学生的"普及性"教育与针对个别大学生的"个性化"教育双轨并行的"广谱式"教育。

创新创业教育必须在具体实践中彰显其价值与成效，而劳动教育本身具有鲜明的实践性特征，由此可以构建"三阶"递进式"融合共享"育人课程体系：①通识教育阶段。这一阶段主要面向全体学生，开设创新创业教育基础课、劳动通识课等通识课程，使大学生既"明创业之理"又"晓劳动之意"。②专业教育与劳创教育融合阶段。这一阶段应深入挖掘专业课程中蕴含的创新创业教育、劳动教育元素，在学科课堂教学中尝试开展劳创融合教育。在此基础上，面向具有较强劳动素养、创新创业潜质的学生开设"个性化课程"，以帮助大学生树立"在劳动中创新，在创新中劳动"的职业意识。③综合实践阶段。这一阶段可以开设一批融合创新创业教育的"劳育金课"，引导大学生积极参加"大学生创新创业大赛"等实践活动，在实践中培养大学生马克思主义劳动价值观和创新创业能力。

（四）强化师资，打造"融合共育"的教师队伍

教师作为劳动教育和创新创业教育深度融合育人工作的组织者与实施者，在劳创深度融合育人过程中发挥着重要作用。劳创深度融合育人要求教师除具备扎实的专业知识和较广的社会阅历，还需要具备良好的劳动素养以及创新创业能力，这就要求高校必须重视打造"融合共育"的教师队伍，从而提升劳创深度融合育人成效。

打造"融合共育"的教师队伍，高校需要从三个方面发力：①加强"专职化"教师队伍建设。高校劳创深度融合教育是一种新型教育模式，很多学校尚未配备足够的专职教

师。因此，高校应重视师资队伍建设，将劳动教育和创新创业教育师资列入师资招聘计划，招聘更多有志于从事劳创深度融合教育的优秀人才，从而为劳创深度融合教育发展提供专业力量。②加大在职教师培训力度。高校在引进专业师资的同时，还应鼓励和支持在职教师参加社会兼职、能力认证培训、访学进修、挂职锻炼，不断提升自身劳创深度融合教学能力。同时，高校应联合企业为在职教师提供技术类、管理类等挂职岗位，使在职教师得以接触行业新技术、产业新技能，提高教师"劳创融合"教育能力。③积极引进校外优秀师资。聘请大国工匠、劳动楷模、优秀创业者、优秀校友、优秀企业家、技能大师作为兼职教师走进校园、走进课堂，促使劳创融合教育与岗位一线密切关联。

（五）协同发力，创设"融合共营"的育人环境

劳创深度融合育人是一项系统工程，需要汇聚政府、高校、企业等参与主体，共建行之有效的多方联动机制，创设"融合共营"的育人环境。具体而言，应从三个方面推进：①强化政府政策调控功能。政府和教育管理部门在劳创深度融合育人工作中的调控作用十分重要。同时，还可以根据实际需求有针对性地制定激励性政策，营造鼓励劳动、勇于创业的社会氛围。②强化高校主体责任。主动承担起主体责任，以勤工助学、文化活动、实践实训、学科竞赛为抓手，以大学生劳动能力和创新创业素养培养为教育目标，积极开展有特色、有质量、有温度的劳创深度融合教育，从而培养具备政治素质、劳动情怀、创新意识的高素质应用型人才。③加强校企合作，拓展实践场域。高校应该加强和企业、社会组织之间的有效合作，为大学生提供劳动创业苗圃、劳动创业加速器、劳动创业孵化器等实践场域，并分享相关知识与技术。整体而言，只有各个参与主体协同发力，共同创设"融合共营"的育人环境，才能推动劳创深度融合教育健康发展。

第三节　大学生创新创业性劳动教育的实践与评价

一、大学生创新创业性劳动教育实践

（一）大学生创新创业性劳动教育的实践条件

积极开展大学生创新创业性劳动是适应国家发展战略和创新人才需求，培养具有创新精神、实践能力、社会责任感的建设者和接班人的有效途径。大学生进行创新创业性劳动除了要满足对于自身知识和能力的要求，还需要具备客观的实践条件。

1. 大学生创新创业性劳动教育的实践平台

创新创业实践平台是加快培养规模宏大、富有创新精神、勇于投身实践的创新创业人才队伍的重要支撑，包括硬实践平台和软实践平台两种类型。通过创新创业实践平台，学生能够有更多的机会接受相关技术训练和获得企业经营及管理方面的实际体现，从而训练创造性思维，增强创业意识和创新能力。

(1) 硬实践平台。"硬实践平台"主要为大学生开展创新创业性劳动提供必要的空间场地、硬件设施、信息资源等，包括模拟实践平台、专业实践平台、科研实践平台、竞赛平台、社会实践平台等。定位准确、功能齐全、极具开放性和包容性的大学生创新创业性劳动硬实践平台，是大学生顺利和高效地进行创新创业性劳动的核心要素之一。

其中，模拟实践平台通过建设线上讲堂、虚拟实验室、孵化基地等为学生提供学习服务平台，使得学生在较短时间内掌握创新创业性劳动相关知识和技能；专业实践平台将创新创业性劳动融入专业课程和专业实践中，起到衔接和融合创新创业性劳动与专业学习的作用；高校以科研实践平台为依托，积极组织大学生创新创业性劳动项目的申报和实施，将学生所学知识和教师的科研成果融入项目，促进大学生创新创业性劳动能力的提升和教师科研成果的转化；竞赛平台的建设主要通过组织高校大学生参与各级各类创新创业性劳动大赛更高层次地提高学生创新创业能力及实践能力；社会实践平台则主要为学生提供学期见习、毕业实习和假期社会实践的机会，帮助学生及时获得社会的需求反馈。

(2) 软实践平台。"软实践平台"主要包括创新创业课程体系和创新创业文化建设。"软实践平台"的作用就是宣扬创新创业性劳动理念，打造系统的创新创业性劳动课程体系，使学生具备开展创新创业实践活动的理论和能力，并为其提供浓厚的劳动氛围，是高校学生创新创业性劳动实践平台建设的重要组成部分。

2. 大学生创新创业性劳动教育的实践机制

(1) 合作机制。建立高校、政府和企业的合作机制，实现多方资源的有效整合和利用，并积极开拓社会资源和国外优质资源，共同为大学生创新创业性劳动服务提升大学生创新创业性劳动的质量。

(2) 管理机制。高校作为人才培养和管理工作的中心，要始终秉承创新意识和创新创业技能相互结合的动态管理理念，构建层次分明、管理细致、责任明确的管理机制，主要管理对象包括大学生、教师、实践平台等。

(3) 保障机制。大学生创新创业性劳动的顺利开展需要一定的保障机制，作为基础保障机制所涉及层面相对较广，包括制度保障、经费保障、组织保障等。

(4) 评价机制。高校对大学生创新创业性劳动教育也要建立合理的评价机制。包括课程学习评价机制、创新创业训练计划评价机制和创新创业实践评价机制三个维度。

3. 大学生创新创业性劳动教育的师资队伍

（1）师资队伍的素质。由于大学生创新创业性劳动需要教师指导，创新创业性劳动质量和效果与教师的指导密切相关，因此需要专门的、具备较高创新创业能力和经验的指导教师。

（2）师资队伍的培养。高校需要组建大学生创新创业性劳动的专职指导教师队伍，加强对师资的培养与培训，建立形式多样的师资培训体系，包括职前培养和职后培训两个阶段。

（二）大学生创新创业性劳动教育的实践途径

1. 大学生自主的创新创业性劳动

（1）独立自主的创新创业性劳动。独立自主的创新创业性劳动是指大学生个体独立开展的创新创业实践活动。在"互联网+"的时代背景下，各个产业之间实现了深度融合，无论是产业元素的融合，还是产业结构的转型，都为大学生自主进行创新创业性劳动提供了重要契机。

第一，政策能够在一定程度上影响学生创新创业行为和结果，国家为了扶持大学生创新创业，出台了很多鼓励性的政策和法规，大学生要利用好这些政策，以便更好地进行创新创业性劳动。

第二，大学生需要对自身情况和创新创业环境进行综合分析，结合自身兴趣与优势，明确初步的创新创业目标和方向。

第三，及时和准确地认识并把握住机遇，才能在创新创业性劳动的过程中赢得胜利。

第四，创新创业性劳动大多是在一定的社会环境下进行的，创新创业环境对大学生创新创业性劳动的开展具有十分重要的影响。

第五，方案设计是创新创业性劳动的前奏，是一个从无到有的创意设计过程，一个好的方案对创新创业的成功有重大影响。

第六，学生还要认真分析自己在创新创业性劳动中可能会遇到的风险，提前做好应对和化解风险的准备。

（2）团队协作的创新创业性劳动。创新创业团队是指由两个或两个以上具有一定利益关系的能力互补、可以共担责任、愿为共同的创新创业目标而努力奋斗的人组建形成的合作团体。大学生开展团队协作的创新创业性劳动上要包括团队组建、实施劳动和成果转化三个步骤。

团队成员的数量、素质和结构是决定创新创业性劳动质量的关键性因素。一般来说，在初步组建创新创业团队的过程中，组织者需要落实明确目标、制订计划、招募成员、划分职权和构建制度五项非线性工作等；创新创业性劳动开展的前期工作，可能会涉及团队调整、市场调查、筹集资金、采购设备等；随着劳动的开展，创新创业团队需要根据具体情况采取相应的措施，包括资源拓展、技术升级、计划修改、成员更替等；在获得一定的劳动成果之后，团队还需要及时将成果进行有效的转化。

2. 依托学校资源的创新创业性劳动

（1）校内创新创业性劳动。校内创新创业性劳动是指大学生在教师的带领下，利用校内场地、设备、材料等进行创新创业性劳动的一种实践方式，主要有课堂实践、校内竞赛、校内实训等。

大学生应以学校举办的各种形式的创新创业论坛和活动为桥梁，主动与知名企业家和创新创业教育研究领域的专家、学者进行互动和交流，拓展自己的眼界和思维；积极参与校内创新创业社团，充分利用学生社团和学生组织，提升自我管理、自我教育和自我服务能力，在各种活动中提高自身的创新创业意识和创新创业实践能力；将校内创新创业实训基地作为创新创业性劳动的试验场和演习所，激发创业欲望，增强创新创业能力，锻炼与提高观察力、思维力、创造力和实践操作能力。

（2）联合创新创业性劳动。联合创新创业性劳动包括校企联合、生企联合、多校联合、校地联合等多种形式，能够整合共同的资源，增强大学生的市场意识，培养其进行创业活动、互联网营销等多方面的能力，弥补校内创新创业性劳动的不足。

而对有限的教育资源和不断增加的创新创业人才需求，学校需要对外寻求合作企业，与企业之间建立人才或资源的供求协作关系由企业和高校共同向大学生提供实训机会、创新创业指导培训、联合创新创业案例、联合创新创业方法参考等；各高校结合自身优势，联合组织大学生开展创新创业性劳动，引导创新创业性劳动项目进行资源互补和交换的多赢合作；当学生个体经过了创新创业联合的孵化，其创新创业项目在市场上相对成熟，当具有投资和发展空间时，可以以个体的形式与企业联合，进而依托企业所提供的信息、设备、资金等资源顺利完成创新创业性劳动；地方政府通过建立专门的校地合作的创新创业性劳动服务平台，促进高等教育内涵式发展。

（三）大学生创新创业性劳动教育的开展形式

1. 课堂式

（1）传统课堂。传统课堂中的创新创业性劳动一般有两种类型：一是课内思维训练，是指课程教学中结合相应章节启发学生发散性思考。二是课程模块的综合劳动，是指创新创业课程结课后安排的结课实践，锻炼学生知识点的整合能力。在传统课堂中开展创新创业性劳动，大学生不仅需要牢固地掌握基础知识和技能，更重要的是要培养辩证和全面地思考问题的能力并勇于提出疑问和见解。"疑"是学与思结合的媒介，是思维的触发点，有疑才能激发自身的探索欲望和创新思维，充分发挥非智力因素的作用，参与质疑、解疑。在课堂内借助"头脑风暴法"、无领导小组讨论法、研讨会等方式，大学生可以发现不同个体在认识上的矛盾之处，并积极地开展思维活动寻找创造性解决问题的方式。

（2）新型课堂。新型课堂为大学生提供了更多走出教室的机会，突破原有单一地、被动地接受创新创业性劳动知识的学习范式，融合多种创新创业性劳动形式，包括参加专家讲座、创新创业论坛，实地参观等。

学校邀请各行各业专家、学者及创新创业人士担任讲师，为大学生讲述创新创业经历、分享创新创业经历及交流人生心得，课堂不再是唯一的教室，多媒体教室、会议室以及食堂，都可能成为大家探讨的地点，形式也可以是讲座、会议、论坛等。学校定期组织大学生参观创新创业园区、企业、孵化基地等，开阔大学生的眼界，使其体验真实的创新创业性劳动氛围，提升其对创新创业性劳动的兴趣和整体参与度。

2. 仿真式

（1）网络仿真。网络仿真式的创新创业性劳动具有沉浸性、交互性、虚幻性、逼真性等特征，通常采用虚拟仿真技术，在通信、多媒体、人机交互、虚拟现实等技术的基础上，借助仿真手段实现人与虚拟环境中的事物的交互和相互影响，增强劳动环境、劳动内容的"真实性"，满足个性化的学习需求。在网络仿真式的创新创业性劳动中，大学生在以实际问题为切入点利用虚拟仿真设备开展各类自主设计型实验的同时，开展形式多样、灵活多变的交流、研讨等活动，有效提升网络仿真式的创新创业性劳动效果与具体流程包括以下方面：①大学生在教师或专家的监督与指导下完成问题定义，即明确待解决的问题以及预期实现的目标；②选择合适的网络仿真式创新创业性劳动模型，并进行数据录入；③以个体或团队的形式完成实验设计后正式利用模型进行创新创业性劳动，对于输出的结果进行分析或总结，为真实的创新创业性劳动积累经验。

（2）非网络仿真。大学生非网络仿真创新创业性劳动减少了实践过程对于网络设备的依赖，而更多地依靠学校所营造出的创新创业文化氛围，其劳动形式多样化，包括创新创业大赛、模拟企业、实验室等。其中，创新创业大赛是应用范围最广的非网络仿真式创新创业性劳动，包括各级各类专业技能竞赛、创业类技能竞赛、创业计划活动等。

教育部等主办的中国"互联网+"大学生创新创业大赛和共青团中央主办的"创青

春"全国大学生创业大赛等,都是提升大学生创新创业能力的重要平台,也是推动产学研用结合的关键纽带。高校也应积极为学生搭建国际竞技、全国竞技、全省竞技、全市竞技、校际竞技、校内竞技等平台,并提供各种层次和等级的竞赛信息。大学生则需要主动了解和参与此类创新创业性劳动,将专业知识应用到实践中,做到理论与实践相结合,不断打磨专业素质,提升综合素质,并在实践过程中不断完善自己的创新创业性劳动项目,为项目的实施奠定基础。

3. 实践式

(1) 学校主导的实践。学校主导的创新创业性劳动是指学校作为主办单位或联合校外创新创业指导服务体系,为大学生建立实践实训基地,提供创新创业实践机会和免费场地、基本办公和咨询等条件,让大学生在一定的指导下进行实际操作。

学校通过构建和完善创新创业课程体系,制定扶持大学生创新创业团队发展的政策,组织创新创业竞赛、创新创业实验、创新创业训练、创新创业沙龙等活动。

采用营造科学、完整、高效的创新创业性劳动环境等措施,为大学生创新创业性劳动提供全面服务,根据实践程度不同,学校主导的既有参观、访问、社会调查等浅层次的实践活动,又有包括创新创业项目在内的群体性、参与度较高的实践活动。

(2) 大学生主导的实践。大学生主导的创新创业性劳动是指由大学生主动发起的,以个人或团队的形式自行开展创新创业的实践活动,可以结合大学生自身兴趣与需要最大限度地提高大学生在实践过程中的参与度,激发大学生的主观能动性,让大学生在实践中总结经验与教训,得到更加全面的锻炼。

在实践过程中,大学生成为创新创业性劳动的发起者和主力军,在目标定位、制订计划、设计修改、筹集资金、方案实施等诸多环节中发挥关键作用。大学生需要明确自身创新创业的愿景和目标,以此作为努力奋斗的内在驱动力,并在对创新创业目标进行具体分解的基础上制订创新创业性劳动计划和方案,确定不同的创新创业阶段需要完成的阶段性任务,拓宽创新创业性劳动资源获取渠道,并负责落实方案中的细则。

(3) 社会主导的实践。社会主导的创新创业性劳动能够在一定程度上弥补大学生校内创新创业性劳动的局限性,通过拓展和整合社会资源,为大学生提供更加丰富的创新创业性劳动机会。

大学生需要对相关创新创业性劳动信息保持一定的敏感度,及时获取企业提供的创新创业实习机会,参与企业主导的商业项目,进而了解更加真实的和市场化的操作流程,积累丰富的实战经验,在提升自身创新创业性劳动水平的同时,为提高社会劳动生产率做出一定贡献。

二、大学生创新创业性劳动教育评价

对大学生创新创业性劳动教育进行评价目的是了解大学生创新创业性劳动观念形成、创新创业知识掌握、创新创业能力提升的状况等，并通过评价结果的反馈，促进大学生更好地开展创新创业性劳动，养成良好的创新创业素养，成为社会主义市场经济建设的栋梁之材。

（一）大学生创新创业性劳动教育评价内容

大学生创新创业性劳动教育评价主要包括创新创业性劳动基本素质评价、创新创业性劳动课程学习成绩评价、创新创业性劳动实践能力评价三个方面，这三部分可以按照一定比例计入大学生创新创业性劳动的测评成绩。评价方式可以采取学生、教师、企业、家长等多种评价主体相结合，定性与定规相结合，自评与他评相结合的多元综合评价方式。

（1）创新创业性劳动基本素质评价。创新创业性劳动基本素质包括大学生的创新创业性劳动观、劳动能力、劳动态度等将这几个方面转化为相应的测评项目，每个测评项目给定一定的基准分，所有项目得分相加为总分。每个测评项目再细分若干评价指标，达到评价指标要求则获得该项得分。基本素质几个方面测评分累计所得总分即为基本素质测评总评分。

（2）创新创业性劳动课程学习成绩评价。知识传播的重要媒介通过课程实现，而课程成绩是学生学习效果的最直观体现。创新创业性劳动课程学习成绩是指大学生本学年内所修创新创业性劳动教学计划规定的必修课程和选修课程（包括实践课程）的考核成绩。

（3）创新创业性劳动实践能力评价。创新创业性劳动实践能力是指大学生在学习、工作和课外活动中运用所掌握的劳动知识分析和解决实际劳动问题的能力，以及取得创新创业性劳动的实践成果的能力等。

（二）大学生创新创业性劳动教育评价结果及应用

大学生创新创业性劳动评价的结果是将创新创业性劳动基本素质、创新创业性劳动课程学习成绩、创新创业性劳动实践能力得分进行加权求和，得到最终测评分数。测评结果可以进行等级评分。等级划分体现大学生综合素质的相对水平，可作为各项工作的依据：①评定年度综合奖学金、国家奖学金、国家励志奖学金及其他各类奖学金；②评选"三好学生标兵""三好学生"等先进个人或授予相应荣誉称号；③毕业生就业推荐工作；④向家长介绍学生在校表现；⑤大学生申请创新创业基金。

（三）大学生创新创业性劳动教育评价反馈和改进

1. 大学生创新创业性劳动教育评价反馈

大学生创新创业性劳动教育评价工作由学校统一领导、学生工作部（处）负责部署、指导，各学院负责具体组织实施。为了对大学生创新创业性劳动教育评价进行及时反馈，各学院要成立以院长为主任的学院大学生创新创业性劳动教育测评委员会，负责学院大学生创新创业性劳动测评的组织和规划，审查加分原则和依据，审核学生测评成绩，答复学生咨询处理学生申诉等。同时，各班成立班级测评小组。各班党支部书记（指建有党支部的班级）、班长、团支书为小组成员，其余成员要求是非干部学生代表，由全班学生民主推选产生。

班级测评小组在大学生进行创新创业性劳动自评的基础上，根据大学生创新创业性劳动年度综合表现，评议、审查大学生测评总分，将初评结果进行公示；对初评结果有异议者，可向班级测评小组提出申诉，班级测评小组应在规定时间内作出答复。若对班级测评小组的答复仍有异议，应在规定时间内向学院大学生创新创业性劳动教育测评委员会反映有关情况，由其给出相关处理意见。

2. 大学生创新创业性劳动教育评价改进

（1）大学要将大学生的创新创业性劳动教育评价纳入大学生综合素质评价体系。利用大数据、云平台、物联网等现代信息技术手段，开展创新创业性劳动过程监测与纪实评价，发挥"以劳树德，以劳增智，以劳强体，以劳育美"的促进作用。

（2）各学院要建立健全各项创新创业性劳动考核管理制度，使大学生创新创业性劳动测评工作有章可循、有据可依充分发挥大学生创新创业性劳动测评的育人功能。

（3）大学生创新创业性劳动测评坚持实事求是原则，凡是有在测评中弄虚作假者或恶意加分者，一经查实将扣除其所获加分，全校通报批评，该年度综合测评结果可评定为不合格，情节严重者按照相关制度给予纪律处分。

大学生对本人的创新创业性劳动测评结果提出疑义或申诉时，有关负责人必须认真受理和答复。大学生有权向学校任何一级负责单位提出申诉，大学生的申诉权应得到保护。

第四节 应用型本科院校"劳创融合"劳动教育模式的构建

不断提升学生的专业技能，提高学生的创新创业能力，培养学生树立正确的择业观。

全面深入理解新时代劳动的智慧性、创新性和创造性的本质，促使大学生在德、智、体、美、劳五方面的协同发展，能够引导大学生的劳动意识向创新性、创造性转变，帮助大学生树立正确的新时代劳动观，因此将创新创业和劳动教育相融合是教育改革的迫切需要与有效方法。

一、"劳创融合"劳动教育模式研究

为解决以上问题，本文提出了"劳创融合"劳动教育模式。通过创新创业教育，在创新创业实践中培养大学生劳动精神、激发首创精神和增强服务意识，孵化出拥有创造性劳动素养的创新实践型人才。

1. 应用型高校协同育人的教育教学新理念

结合应用型高校办学特点，劳动教育与创新创业教育功能相合性、教育目标同源性和教育内容融合性的基础上，构建"劳创融合"协同育人的教育理念。通过"四方面融合"不断加强"劳创融合"内涵式建设，推动劳动教育贯穿人才培养全过程。从教育理念设计、课程体系构建、师资队伍建设和教育实践场域拓展等方面构建了"劳创融合"协同育人模式，达到二者协同发展、双向深化和相得益彰的建设效果，实现"孵化出拥有创造性劳动素养的创新实践型人才"的目标。

2. 应用型高校协同育人的人才培养模式

以立德树人为根本任务，在高校的培养方案中有机地融入新时代劳动教育，寻找到劳动教育与创新创业教育的共通性，以课程体系和项目体系建设为抓手，将"脑力劳动"与"体力劳动"学习相结合、将第一课堂与第二课堂教育教学效果衔接。共建"一体化"教育教学组织机制，打造"互融式"人才培养体系、呼应式课程体系和"互通式"评价考核体系，对创新创业教育和劳动教育进行整体设计、系统规划、统筹管理与监督考核，促进劳动教育与创新创业深度融合，通过"劳创融合"将劳动教育贯穿应用型人才培养全过程，破解高校劳动教育落实难的问题。

3. 落实劳动教育素养考核评价体系

通过数字化劳动教育过程管理，开展创建活动、参加活动、签到签退、时时点到和完结加分等过程管理，最终形成创新创业与劳动实践教育成绩单。全面客观记录学生课内外劳动教育过程考核、实时监控和跟踪评价，发挥教育评价的指引作用和反馈完善作用。搭建"劳创融合"大数据智能管理云平台，解决传统劳动教育过程管理难的突出问题及其督导评价实践路径的困难；同时把开展劳动教育的工作情况纳入学校教学单位绩效考核体系，为劳动教育有效融入人才培养全过程提供有力保障。

二、"劳创融合"教育体系的内容与实施路径研究

（一）加强内涵式建设，确立劳动教育体系指导思想

1. 人才培养方案深度融合

将创新创业专业劳动周加入人才培养方案中，围绕专业实践持续组织的劳动教育；在人才培养方案中设置了创新创业教育与劳动教育模块，注重围绕创新创业，结合学科专业开展劳动教育，形成劳动教育清单。以课程体系和项目体系建设为抓手，通过"劳创融合"的形式将劳动教育贯穿人才培养全过程。在理论学习基础上，设置创新创业与劳动实践学分，并且作为毕业生资格审核的必要条件之一。

2. 课程体系深度融合

开设专门化的劳动教育和创新创业课程，例如专门开设创新思维与创业训练、劳动教育与实践等公共必修通识课，有效提高劳动教育和创新创业教育在课程体系中的覆盖及占比；开设公共选修课程，例如劳动与创造、劳动与生活等；将毛泽东思想和中国特色社会主义理论体系概论等课程作为劳动教育重点依托课程；在教学进程中每学年单独设立创新创业与劳动实践周；所有专业都须将劳动教育纳入教学计划，所有专业开设的每门课程大纲都要包含创新精神、创业意识和创造性劳动教育元素。

3. 实践教育深度融合

编制"创新创业课外培养计划"和"大学生劳动教育实践手册"，将其中的"脑力劳动和体力劳动"项目相融合；在教学进程中，每学年单独设立"创新创业与劳动实践周"和"应用实践能力（劳动）训练周"，促进知识学习和劳动实践深度融合。围绕创新创业教育开展创造性劳动实践；践行"雷锋精神立德树人"，开展服务劳动实践；加强社会实践活动，开展志愿劳动实践；加强自我管理，开展生活劳动实践；借力产教融合，拓宽生产劳动实践；增强榜样引领，开展劳动示范实践。

4. 管理体系深度融合

高校可以设立创新创业教育工作领导小组和劳动教育工作领导小组，对创新创业教育和劳动教育进行整体设计、系统规划、统筹管理和监督考核，形成可持续开展的"劳创融合"教育体系。成立劳动专家指导委员会，由全国著名专家、学者及成功企业家组成专家团队，负责劳动教育的评价、基地建设方向的指引。

（二）协同育人理念，构建劳动教育体系

1. 围绕创新创业教育，构建创新型劳动实践平台

以创新创业教育教学活动为平台，提升广大学生创新劳动技能教育和创业劳动实践精神的探索与实践。依托专创融合基地、众创空间等双创平台，完善"创新创业+劳动教育"课程设置，深化"劳创融合"项目建设。以大学生创新创业训练计划项目、各级各类创新创业竞赛项目为抓手，在劳动中培育学生进取创新精神。切实落实创新创业劳动实践周教育教学工作，促进知识学习和劳动实践深度融合，培养新时代崇尚劳动、尊重劳动和具有劳动精神的创新创业型人才。

2. 践行"雷锋精神"，构建服务劳动实践平台

强化服务性劳动，动员全体学生主动参与校园公共场所的环境清理、绿化美化和校园环境管理服务等劳动项目，切实增强推进生态文明和环境保护教育的政治自觉、思想自觉和行动自觉，在知行合一、学以致用上下功夫，扎实做好学校生态环境保护实践活动，在实践中践行雷锋精神，锤炼本领，为全面实现社会主义现代化建设目标贡献出属于大学生的时代力量。

3. 加强社会实践活动，搭建志愿劳动实践平台

进一步推动大学生志愿服务文化建设工程，结合"三支一扶"、大学生志愿服务西部计划、毛泽东思想和中国特色社会主义理论体系概论课程社会实践、青年红色筑梦之旅和"三下乡"等社会实践活动开展志愿劳动教育，强化公共服务意识和爱国爱民情怀。寒暑假集中社会实践要与专业劳动相融合，加强对所学专业知识的实践应用，在劳动实践与调研中强化专业教育与社会应用，提升劳动成果的社会影响力，扩大辐射面。

4. 加强自我管理构建生活劳动实践平台

以宿舍管理为抓手，巩固学生良好的日常生活习惯，提升生活技能水平；自觉做好宿舍卫生保洁，独立处理个人生活事务；积极参加勤工助学等活动，提高自立自强能力。每年开展宿舍文化月活动，营造浓郁的宿舍文化氛围，充分发挥宿舍文化的育人功能，形成科学劳动习惯，发挥学生在校园文化建设中的主动性，教育引导学生崇尚劳动、尊重劳动和积极劳动，培养大学生群体树立正确劳动观。

5. 借力产教融合拓宽生产劳动实践平台

结合专业教育，加强校内劳动实践基地的建设，围绕新技术、新工艺和新方法，将严谨规范、责任担当和劳动素养等元素通过实践教学达到知行合一的效果，培养学生创造性劳动能力。加强校外产教融合实习基地、校企合作行业基地建设，指导学生实习实训，带

领学生赴企业、工厂、工地、乡村和学校等地观摩学习，为学生提供更多的机会积累生产项目及一线岗位的劳动经验。通过教育与生产活动相结合，提升学生专业劳动实践技能，培养企业需要的高素质创新型劳动人才。

6. 增强榜样引领搭建劳动示范实践平台

充分发挥"榜样引领"和"朋辈教育"在劳动教育中的作用，开展"奋斗的我，最美的国""榜样领航青春"等校内外新时代先进代表系列宣讲教育活动，积极邀请劳模等先进典型进校园讲述科研报国、创新创业和青春奋斗故事；树立校内师生模范，倡导崇尚劳动、尊重劳动的理念。

（三）建设"一体化"劳创融合师资体系

要建设劳动教育专业教师团队、劳动教育兼职教师、劳创融合（校外）教育专家智库三个层次的师资团队，实现资源共享、优势互补和强强联合。特别是聘请企业高级管理人员、创新创造能力突出的"大国工匠"担任兼职教师，搭建教学过程和生产过程对接的途径。

（四）建设劳创融合教育过程评价考核体系

智能化管理评价确保新时代劳动教育做细做实，解决传统劳动教育过程管理难的突出问题及其督导评价实践路径的困难。通过创新创业及劳动教育云平台，开展创建活动、参加活动、签到签退、时时点到和完结加分等过程管理，在活动结束并完结审核通过后，所有活动成员可获得相应学分奖励，最终形成创新创业与劳动实践教育成绩单。数字化劳动教育过程管理，全面客观记录学生参加劳动技能、劳动成果展示和劳动竞赛等课内外劳动教育过程、实时监控和跟踪评价，发挥教育评价的指引作用和反馈完善作用。

第七章 大学生劳动权益与劳动教育的创新发展

第一节 大学生劳动权益的保障机制探索

一、勤工助学劳动中的劳动权益保护

"学校应高度重视学生的劳动维权教育,通过开设劳动法课程等方式培养学生运用法律知识维护劳动权益的能力,提高就业质量。"[①] 高等学校应当对学生的社会服务和勤工助学活动给予鼓励与支持,并进行引导和管理,这为大学生参加勤工助学提供了法律支持。根据现实中的不同情形,我们将大学生在校期间的勤工助学分为两种。

第一,由学校统一组织和管理的勤工助学。这类勤工助学由学校统一组织和管理,体现学校、用人单位和大学生三方之间的关系,社会风险较低,法律保障水平较高。

第二,非学校统一组织和管理的勤工助学。越来越多的大学生寻找勤工助学机会已经不再局限于学校统一组织和管理的范畴。诸多用人单位也面向社会或者高校招聘实习生、兼职大学生等。

(一)学校统一组织和管理的勤工助学劳动

1. 勤工助学的组织管理

我国高校大多有学生资助管理机构(小组)并下设学生勤工助学管理服务组织,具体负责勤工助学的日常管理工作,如武汉理工大学设有勤工助学指导中心。其主要职责包括:

(1)确定校内勤工助学岗位。协调校内各单位,引导和组织学生积极参加勤工助学活动,监督和指导学生的勤工助学活动。

---

① 施佳.高职学生劳动权益教育现状分析与劳动法课程设置[J].南通职业大学学报,2012,26(4):66-68.

（2）开发校外勤工助学资源。积极收集校外勤工助学信息，开拓校外勤工助学渠道，增加校外勤工助学岗位，并纳入学校管理。

（3）接受学生参加勤工助学的申请，提供学生勤工助学岗位，为学生和用人单位提供及时、有效的服务。

（4）在学校相关管理机构的领导下配合学校财务部门共同管理和使用学校勤工助学专项资金，制定校内勤工助学岗位的报酬标准，并负责酬金的发放和管理工作。

（5）组织学生开展必要的勤工助学岗前培训和安全教育，维护勤工助学学生的合法权益。

2. 勤工助学的工作内容

学校统一组织和管理的勤工助学，既包括校内勤工助学岗位又包括校外的勤工助学工作。高校要结合人事制度和校内管理体制改革的需要，积极推进大学生兼任"助教、助研、助管"工作；要根据实际情况，吸纳大学生参加校内实验室、校办产业的有关工作，使大学生的勤工助学与专业学习相结合；要加大力度，选派大学生承担。

对于校外勤工助学资源。学校应鼓励大学生从事家教、社区服务等校外勤工助学工作，为大学生到校外参加勤工助学活动创造条件。各级共青团组织要充分发挥优势，联合有关方面推进建立大学生勤工助学基地，通过青年联合会、青年企业家协会等组织大力挖掘社会资源，以组织勤工助学招聘会等方式动员企事业单位为大学生提供更多的勤工助学岗位和信息服务。学校团委要明确专人承担拓展校外勤工助学资源的工作，指导学生会成立大学生勤工助学协会等组织，鼓励他们对外联系、自我服务。

3. 勤工助学酬金标准及支付

大学生参加学校统一组织和管理的勤工助学，在酬金的标准和支付方面，也有相关的规定和法律保障。

（1）校内勤工助学酬金标准及支付。校内固定岗位按月计酬。原则上不低于当地政府或有关部门制定的最低工资标准或居民最低生活保障标准，可适当上下浮动。校内临时岗位按小时计酬。每小时酬金可参照当地政府或有关部门规定的最低小时工资标准合理确定。

学生参与校内非营利性单位的勤工助学活动，其劳动报酬由学生勤工助学管理服务组织从勤工助学专项资金中支付；学生参与校内营利性单位或有专门经费项目的勤工助学活动，其劳动报酬原则上由用人单位支付或从项目经费中开支。

（2）校外勤工助学酬金标准及支付。校外勤工助学酬金标准不应低于学校当地政府或有关部门规定的最低工资标准，由用人单位、学校与学生协商确定，并写入聘用协议。其劳动报酬由校外用人单位按协议支付。

（二）非学校统一组织和管理的勤工助学劳动

1. 勤工助学的法律适用

现实中，大学生参加的勤工助学，无论是否由学校统一组织和管理，一般都不作为适用劳动法的相关问题来处理，而是按照民事雇佣关系适用民事法律规定。在现实法律实务中，用人单位为了规避法律责任，降低用人成本，也不会与在校大学生建立劳动关系，这种做法也不认定是违法行为。这样操作，我们理解原因在于如下方面：

大学生与用人单位建立劳动关系，勤工助学的大学生被纳入用人单位统一管理，则必然会对大学生学业的完成、学校的培养造成影响。毕竟大学生是全日制培养，与在职攻读学位是不同的，其大部分时间应当按照学校的培养计划进行全日制学习。

而劳动者在职攻读学位，则更多的是在不影响与用人单位劳动关系的前提下进行的业余学习。劳动者与用人单位之间可以是平等协商的劳动关系，只要用人单位同意，不违反法律强制性规定的，可以允许离开用人单位一段时间去攻读学位。但是普通高等学校的学生则不同，并不完全是双方平等协商就可以决定的。学生的本职是学习，一旦将学生纳入其中，就会涉及很多问题，在立法还不能解决这么复杂的问题之前，将学生纳入是不合适的。

2. 勤工助学的法律风险防范对策

大学生参加非学校统一组织和管理的勤工助学，所面临的法律风险会大大增加。具体而言，大学生应当从如下方面增强勤工助学风险意识，提高维权能力：

（1）警惕勤工助学中的诈骗与侵权行为。大学生在勤工助学中，首先应当具有风险意识，对一些常见的诈骗与侵权行为要有所认识并加强防范。

第一，非法收取培训费或押金。用人单位以丰厚的薪酬或者难得的机会为诱饵，扣押居民身份证和其他证件，或者要求提供担保或者以其他名义收取财物的，如收取报名费、培训费、押金等，都存在非常大的法律风险。

第二，通过面试限制人身自由。虽然我们对非法传销已经有所警惕，但是现在有些非法传销组织隐蔽性仍然较强，打着招聘的幌子欺骗社会经验不足的大学生，强迫其加入传销组织，或进行其他违法犯罪活动。

第三，通过网络等途径实施诈骗活动。网上有很多与"大学生兼职"相关的帖子、QQ群等，其中不乏诈骗活动。

第四，拖欠、克扣酬金等侵权行为。大学生在勤工助学期间权利受到侵害的现象较普遍，如拖欠酬金、克扣酬金、无故被辞退、故意延长工作时间等。大学生勤工助学除了锻炼自己的社会工作能力以外，还为了缓解自己的经济压力或让自己的学校生活更为丰富。因此，大学生在选择勤工助学机会时，应当认真辨别。

（2）提高勤工助学中的风险应对能力。大学生在勤工助学中避免遭受欺诈与被侵权，在勤工助学中应当加强风险意识，在勤工助学中不断提高自己应对社会风险的能力。

第一，审查、了解用人单位的基本情况。大学生勤工助学的盲目性和对用人单位信用情况的无知是造成其权利遭受侵害的重要原因之一。因此，大学生应当事先了解用人单位的基本情况和工作相关情况。用人单位的基本情况包括其经营地点、经营状况、信用程度等。工作相关情况包括工作性质、工作环境、薪酬状况、薪酬支付方式等。

第二，签订书面合同并注意收集书面证据。书面合同是大学生与用人单位明确双方权利和义务的协议，是大学生勤工助学的有力保障。许多大学生认为自己是受雇于私人雇主或者做的是临时性质的工作，无须签订书面合同。但这种怕麻烦的疏忽心理正为日后权益受损害埋下了隐患。因为一旦发生用人单位拖欠薪酬或在工作中人身受到伤害的情况，作为受害人如果拿不出任何有力证据，便会给维权增加诸多困难。

第三，熟悉各种维护自身权益的途径。大学生如果在勤工助学过程中遭遇到人身自由限制或者遭受诈骗等，应当在第一时间报警，并尽可能多地收集相应证据提供给警方。大学生也可以通过法律援助机构寻求帮助，通过学校寻求帮助，向劳动行政部门进行举报，向社会主流媒体反映等。此外，大学生也可以选择民事诉讼的途径进行维权。

二、校外实习中的劳动权益保护

大学生的校外实习与大学生劳动就业密切相关。大学生的校外实习，作为劳动制度，其在法律适用与保障方面，与其他劳动制度存在诸多不同，是大学生在校期间应当熟悉的重要知识。

（一）校外实习劳动

大学生在毕业后与用人单位建立劳动关系，仅针对特定专业技术领域中对相关岗位存在实习的法律要求，除此之外，基本上不会存在"实习"。

在校生的实习是实习人员出于教学需要在单位进行社会实践的行为，是课堂教学的延伸和拓展。这种实习的明显特点是用人单位与实习人员并不建立劳动关系，而是作为教学的一个重要环节。用人单位不承担《中华人民共和国劳动法》中规定的义务，不一定要按照最低工资标准支付劳动报酬。

（二）校外实习的适用法律

从在校生实习的性质和特点上，我们可以看出实习生与用人单位之间不是劳动关系，而是一般的民事雇佣关系。

1. 实习生的劳动报酬问题

实习生与用人单位之间不是劳动关系，不受最低工资标准的限制，实习生在实习期间的工资不是法定必须支付的；既然双方是民法上的劳务关系而民法又是一种尊重当事人意思自治的法律，则实习生与用人单位可以就劳动报酬问题进行协商。

2. 实习期受到事故伤害的责任承担

关于实习生在实习期受到事故伤害的责任承担，现有的法律并未作出明确规定，实践中个案处理结果也差异迥然。通过这条途径处理涉及实习生、用人单位和学校三方的责任划分的问题。实践中，实习生可能会有一定的过错责任。难点是确定用人单位和学校的责任。在确定用人单位和学校的责任时，主要审查两点：①是否为实习学生购买意外伤害保险；②在安全教育和实际安全保障上是否存在瑕疵和过错。实践中，据此两点来审查，用人单位和学校都应该承担一定的责任。

（三）促进大学就业的优惠政策

"双向选择""自主择业"是当前大学生就业的基本制度，但"自主择业"并非自由择业，不同隶属关系的学校和不同层次、不同类别的毕业生在就业途径、就业规定等方面都存在差异，不同地区接受毕业生的办法也不尽相同。因此，只有把握就业政策、就业制度和就业市场动态才能提高求职命中率少走弯路，顺利实现自己的职业理想。

第一，鼓励高校毕业生到中小企业和服务外包企业就业中就包括：①鼓励中小企业吸纳高校毕业生的政策措施；②鼓励和支持服务外包企业吸纳高校毕业生的财政支持。

第二，强化对困难家庭高校毕业生的就业援助。近年来，大学毕业生的数量逐年增加，就业竞争日益激烈，贫困生的就业压力更大。对此提出了：①困难家庭高校毕业生享受的帮扶政策；②企业招收就业困难高校毕业生享受的优惠政策。

1. 强化高校毕业生的就业服务与职业培训

（1）高校毕业生参加职业培训的政策补贴与职业技能鉴定。职业培训由各地人力资源和社会保障部门负责组织实施。高校毕业生可到当地人力资源和社会保障部门咨询了解职业培训开展情况，选择适宜的培训项目参加。职业培训工作主要由认定的培训机构、技工院校或企业所属培训机构承担。高校毕业生毕业年度内参加就业技能培训或创业培训，可按规定向当地人力资源和社会保障部门申请职业培训补贴。

（2）企业为高校毕业生开展岗前培训享受的优惠政策。企业开展岗前培训前，须将培训计划大纲、培训人员花名册及身份证复印件、劳动合同复印件等材料报当地人力资源和社会保障部门备案，培训后根据劳动者继续履行劳动合同的情况，向人力资源和社会保障部门申请职业培训补贴申请材料经人力资源和社会保障部门审核后，财政部门按规定将补贴资金直接拨入企业在银行开立的基本账户。

2. 强化离校未就业高校毕业生的就业服务

为做好离校未就业高校毕业生就业工作，从2013年起实施高校未就业在校毕业生就业促进计划：

（1）地方各级人力资源和社会保障部门所属公共就业人才服务机构与基层公共就业服务平台要面向所有离校未就业高校毕业生（包括户籍不在本地的高校毕业生）开放，办理求职登记或失业登记手续，发放就业失业登记证，摸清就业服务需求，其中，直辖市为非本地户籍高校毕业生办理失业登记办法按现行规定执行。

（2）对实名登记的所有未就业高校毕业生提供更具针对性的职业指导。

（3）对有求职意愿的高校毕业生要及时提供就业信息。

（4）对有创业意愿的高校毕业生，各地要纳入当地创业服务体系，提供政策咨询、项目开发、融资服务、跟踪扶持等"一条龙"创业服务。

（5）要将零就业家庭、经济困难家庭、残疾等就业困难的未就业高校毕业生列为重点工作对象，提供"一对一"个性化就业帮扶，确保实现就业。

（6）对有就业见习意愿的高校毕业生，各地要及时将其纳入就业见习工作对象范围，确保能够随时参加见习。

（7）对有参与培训意愿的离校未就业高校毕业生，各地要结合其专业特点，组织参加职业培训、技能鉴定，按规定落实相关补贴政策。

（8）地方各级公共就业人才服务机构要为离校未就业高校毕业生免费提供档案托管、人事代理、社会保险办理和接续等一系列服务，简化服务流程，提高服务效率；有条件的地方可对到小微企业就业的离校未就业高校毕业生提供免费的人事劳动保障代理服务。

（9）要加大人力资源市场监管力度，严厉打击招聘过程中的欺诈行为，及时纠正性别歧视和其他各类就业歧视。加大劳动用工、缴纳社会保险费等方面的劳动保障监察力度，切实维护高校毕业生就业后的合法权益。

（四）大学生就业服务

1. 就业服务机构

（1）高校毕业生就业指导机构。目前，各省（自治区、直辖市）教育部门、各高校普遍建立了高校毕业生就业指导机构，为毕业生提供就业咨询、用人单位招聘及实习实训信息、求职技巧、职业生涯辅导、毕业生推荐、实习实践能力提升、就业手续办理等多项就业指导和服务。

第一，各省（自治区、直辖市）的高校毕业生就业指导中心的主要职责：①组织和管理本地区的就业工作，包括宣传国家和地方有关高等学校毕业生就业的各项方针、政策和法规；②参与拟订高校毕业就业政策；③负责本地区高校毕业生就业有关信息的建设和管理，定期收集和发布高校毕业生供需信息；④开展毕业生就业工作的科学研究、经验交流，指导本市区各高校毕业生服务机构工作，培训毕业生就业指导工作人员，负责高校毕业生档案的托管和转递工作，以及为毕业生的派遣打印报到证和办理有关手续等工作；⑤指导、组织和管理本地区高校毕业生供需见面会和双向选择活动，推荐毕业生就业等。

第二，各高校均有就业指导中心，其主要职责：①研究和贯彻执行国家有关就业方针、政策；②邀请和接待用人单位来校招聘毕业生，协助用人单位组织、安排招聘洽谈活动；③收集与发布各类招聘信息和实习岗位信息；④开展职业发展教育，对毕业生进行就业指导和创业指导；⑤加强对毕业生就业工作及情况的调研；⑥不断完善就业网络的开发和维护；⑦做好毕业相关手续的受理工作等。

（2）公共就业和人才服务机构，由各级人力资源和社会保障部门设立的公共就业和人才服务机构，为高校毕业生免费提供政策咨询、就业信息、职业指导、职业介绍、就业援助、就业失业登记或求职登记等各项公共服务，按规定为登记失业高校毕业生免费提供人才档案管理等服务。此外，还定期开展面向高校毕业生的公共就业和人才服务项目活动，为高校毕业生和用人单位搭建供需对接平台。

（3）职业中介机构，主要是指从事人力资源服务的经营性机构，政府鼓励各类职业中介机构为高校毕业生提供就业服务，对未登记失业高校毕业生提供服务并符合条件的职业中介机构按规定给予职业介绍补贴。

2. 人事代理服务

人事代理是政府人力资源和社会保障部门所属的劳动人事机构，受单位或个人委托，按法律和政策规定，为其提供所需的各项劳动人事服务，如档案管理、档案工资调整、工龄核算、出具证明、职称评审、党组织关系接转、政治审查、集体户口挂靠、人才引进办理等。这是与社会主义市场经济体制相适应的一种新型的劳动人事服务方式，是劳动人事部门服务于人才及广大毕业生的新举措。

从人事代理的对象来看，人事代理可分为单位委托代理和个人委托代理。

从实际操作角度来看，人事代理分为三类：①以人事档案管理为依托的基础性代理；②以人才中介为基础的服务代理；③以企事业单位为基础的公共人事事务代理或社会化代理。

对于大学毕业生而言，最主要的还是以人事档案管理为依托的基础性代理。无论毕业生是否落实了就业单位，人事代理机构均应为其提供六项服务：①提供档案保管和档案材料的收集、鉴别、整理、归档及档案的借阅、传递等服务；②负责按转委托代理；③核定档案工资则可作为聘用单位确定发放工资标准的依据和办理各种社会保险的基数；④确定起点专业技术职务，推荐评审专业技术职务任职资格，负责组织代理人员参加各类人员考试的资格初审工作；⑤户籍和党员组织关系托管；⑥委托代理个人的养老、失业保险由代理机构代为收取，上缴相应的社会保险由人事代理部门管理。

（五）大学生求职应聘中的权益保护

1. "三方就业协议"的法律性质与适用

大学生毕业时第一次就业原则上应当签订毕业生就业协议，这是学校编制毕业生就业计划方案和派遣毕业生的依据。

"三方就业协议"是毕业生、用人单位双方在平等互利的基础上进行的民事法律行为。"三方就业协议"从法律性质来讲，仅仅是一份民事合同。与"三方就业协议"相关的法律纠纷通常发生在"三方就业协议"签订后与劳动合同签订前。双方只能通过民事诉讼的方式来解决，而不能作为劳动争议向劳动仲裁委员会申请仲裁，因为"三方就业协议"不属于劳动合同，毕业生与用人单位之间还没有确立劳动关系，因此他们之间的纠纷不属于劳动纠纷。

学校在就业协议中的义务主要有两个方面：①高等学校在大学生与用人单位之间有监督权；②如因学校的过错导致大学生与用人单位不能订立劳动合同，学校应承担违约责任。

2. "三方就业协议"违约的法律风险

"三方就业协议"签订过程中和签订后，毕业生都面临着大量法律风险。这些法律风险，可以分为三个方面：①毕业生自身违约导致的法律风险；②用人单位违约给毕业生带来的法律风险；③高校就业政策对于违约的限制给毕业生带来的法律风险。

（1）毕业生违约导致的法律风险。毕业生违约可分为两种情况：预期违约和实际违约。预期违约发生在签约以后到毕业或报到前这段时间，毕业生一般明确表示或者以自己的行为表明不去用人单位报到，这时毕业生已构成预期违约应承担违约责任。实际违约是毕业生在用人单位报到时间截止后不去报到，承担违约责任。毕业生违约一般要承担向用人单位支付违约金的风险。

"三方就业协议"中的违约条款分为普通违约条款和违约金条款，前者一般为协议的格式条款，后者则由毕业生和用人单位双方自由约定。由于用人单位和毕业生的地位不对等，在现实中，为了保证毕业生能够履行协议，用人单位一般会要求约定违约金条款，并且这种约定内容也经常是不对等的，是对毕业生单方面的约束。毕业生违约需要承担违约金，用人单位违约却不需要承担违约金，而毕业生由于处于弱势地位，对这种不平等的条款几乎都会接受。

（2）用人单位违约给毕业生带来的法律风险。毕业生与用人单位签订"三方就业协议"后，还面临着用人单位解除"三方就业协议"的法律风险。用人单位在与毕业生签订"三方就业协议"后，由于用人计划的改变或者要选择更加合适的毕业生，在毕业生尚未报到或者在报到后签订劳动合同前，会发生要求与毕业生解除"三方就业协议"的情形。在毕业生尚未毕业前，用人单位提出解除"三方就业协议"的，毕业生还可以继续找工作，完成正常的就业程序。如果用人单位在毕业生毕业后或者报到后甚至在档案、组织关系都经转到用人单位后又提出解约，将给毕业生就业带来程序上的被动和机会上的损失，同时也会给手续办理造成诸多不便。

（3）高校的就业政策风险。高校出于维护学校毕业生的信誉和保证正常的就业秩序的考虑，针对毕业生在就业过程中违反诚实信用原则不履行"三方就业协议"的情况，学校一般也会在就业政策上做出专门规定，对此加以约束。

3. "三方就业协议"的法律风险化解

"三方就业协议"的相关制度已经使用了较长时间，许多方面已经不符合目前毕业生就业的实际情况，需要进行调整和完善。但在"三方就业协议"没有修改前，毕业生和高校应当努力防范"三方就业协议"签订后的法律风险，保护毕业生的权益，保证毕业生顺利就业。

（1）慎重签订"三方就业协议"。"三方就业协议"是由教育部门统一编制的，每个毕业生的协议书都有一个对应编号，不得擅自更改、更换，每一个高校对于"三方就业协议"的管理都非常严格。"三方就业协议"一经签订，如果毕业生事后要改签，就要受到诸多限制。因此，毕业生在求职前应在就业指导老师的帮助下，根据自己的职业规划、兴趣爱好、专业实力、性格特点等，对自己的求职目标进行准确定位，既要准确了解有关就业的法规和政策，又要尽可能全面了解签约目标单位的职位情况、发展前景、薪酬待遇等，以诚实慎重的态度签订"三方就业协议"。学生在签订"三方就业协议"时，必须严格按照规定的步骤，等用人单位填写完毕、盖章后再到学校就业指导中心鉴证盖章。

（2）争取有利的违约金条款。对于违约金约定的内容，毕业生要合理、合法地争取对自己有利的条款。在平等性上，毕业生要争取违约金是对双方的约束，而不能只对毕业生进行约束，毕业生和用人单位任何一方违反了"三方就业协议"的约定都应当赔偿违约金。在违约金数额上，毕业生要力争以到岗后一个月的工资为宜，其依据主要是用人单位为此付出的招聘成本。

第二节　数字劳动主导下的大学生劳动教育创新发展

"数字技术的快速发展催生了一种新的劳动形态——数字劳动。在目前对数字劳动的研究中，有两点尚处于争论之中，那就是数字劳动是物质劳动还是非物质劳动，以及数字劳动是生产劳动还是非生产劳动。"[①]

数字劳动本质上是人类劳动的派生形式，不能取代人类劳动而单独存在，它与人类劳动相辅相成，并不断创新人类劳动形式。立足于马克思劳动价值论，阐明数字劳动的本质与特征，对树立正确的数字劳动观、推动数字劳动参与数字经济建设、实现人的自由解放具有重要意义。

一、数字劳动内涵及其本质分析

（一）数字劳动的界定

数字技术的飞速发展和广泛运用使人类劳动形式发生了巨大革新，但数字化时代的劳动不等于数字劳动，运用数字技术、大数据所进行的劳动也并非都是愉悦轻松的。数字化时代存在各种丰富多样的劳动形式，数字劳动只是其中一种新型劳动形式。

人们对数字劳动的认知和理解也不尽相同。对数字劳动概念的界定大致可以分为以下三类：

---

① 陈彩红. 数字劳动的本质初探 [J]. 经济研究导刊, 2023 (3): 1-3.

（1）传统的数字劳动。这类数字劳动通常具有稳定的雇佣关系，主要是一些职业性、专业性的数字劳动，该劳动过程由诸多劳动环节紧密构成，劳动者间分工明确，互联网企业的程序员进行的劳动就是一种传统数字劳动。

（2）半传统的数字劳动。这种数字劳动往往具有灵活的雇佣关系，表现出一种临时的、碎片化的劳动形式，劳动者可以根据自己的情况灵活调整劳动时空、使用生产资料，如数字零工与数字企业临时确定的雇佣劳动。该劳动过程中，劳动者之间独立劳动、互不干扰。

（3）新型数字劳动。这种数字劳动主要是从无偿的"玩劳动"角度进行界定的，该劳动过程不具有雇佣关系，涵盖人们日常的休闲、娱乐、劳动过程，不受时空限制，并表现为一种轻松愉悦的劳动形式。

我们谈的数字劳动实质上是第三种数字劳动，它是数字用户消耗在数字平台上的一种免费、自愿的创造性劳动，该劳动过程不具有雇佣关系，广大数字用户成为数字劳动的劳动主体，用户的在线时间成为潜在的劳动时间。新型数字劳动突破了传统劳动出于谋生的需求，目的不在于获取生存资料以及物质上的满足，而在于满足精神上娱乐享受的需求，而数据商品不过是用户无意形成的"副产品"。

（二）数字劳动的本质特征分析

1. 数据成为一种特殊的商品

当前，数据已渗透到人们生产生活的各个领域，不仅成为重要的生产要素，更被用来交换成为一种特殊的商品。数据商品的形成经历了四个阶段：第一阶段，获取数据原料；第二阶段，掌握用户的个性化需求；第三阶段，利用"数字画像"预测人们的预期行为；第四阶段，提供个性化服务，引导用户进入市场进行消费决策。

2. 数字劳动实现了生产与消费的统一

数字劳动突破了传统社会再生产的基本环节，实现了生产与消费的统一，属于一种"产销合一"的劳动。随着科技的发展进步，消费者自愿参与到生产领域，即便是同一劳动过程中，生产者与消费者之间也不具有明确界限。数字劳动进一步加深了这种趋势，打破了传统生产、分配、交换、消费环节间的界限，超越了传统劳动时空的限制，使生产和消费趋于一体化。

生产与消费本质上具有统一性。数字技术的发展加速融合了生产与消费之间的界限，数字劳动实现了生产与消费的统一。

一方面，消费直接是生产。数字劳动过程中，用户在进行娱乐消费的同时也在不断生成新的数据，这些数据为数字系统的正常运行提供原料，具有价值和使用价值。因此，用户的娱乐消费行为直接构成了一种生产活动。

另一方面，生产直接是消费。劳动的数字化使劳动和休闲的界限日益模糊，数字劳动既存在于人们的工作时间里，也涵盖其休闲娱乐时间。数字劳动摆脱了传统劳动的被迫性，表现出一种轻松愉悦的形式，吸引用户自觉自愿参与生产活动，并且用户进行生产的同时也在消费原始的数据。因此，数字劳动过程中进行生产的同时也在进行消费，反之亦然。

3. 数字劳动的核心是算法

数字劳动的顺利进行离不开数字算法。通过对用户的数字痕迹进行算法分析，能够精准掌控用户的爱好、习惯，预测用户的行为特征，并吸引用户持续进行数字劳动。算法是数字劳动的核心，在劳动过程中发挥关键作用。

（1）算法具有统计筛选功能。通过算法分析对原始数据进行分析处理，筛选出有意义的数据，描绘用户专属的"数字画像"，为人们提供了更高质量的服务，提升人们完成任务的效率和精准性。

（2）算法具有预测引导作用。利用算法分析不仅有助于把握已知信息，还能对用户的未来行为进行预测。通过算法把握数据间的相关关系，掌握用户的数字劳动轨迹及趋势，实现对用户预期行为的预测。

（3）算法具有运算学习能力。算法通过自我学习能促进决策的最优化，利用算法分析能力和庞大的数据库不仅能掌握人类感觉到的东西，还能把握人类感觉之外的事物，依靠算法的运算学习能力有助于不断改进算法自身的缺陷，优化算法的引导、调控作用。

（4）算法是数字劳动的核心内容，算法能力的增强有助于为用户提供更具个性化的服务，为引导用户持续进行数字劳动提供技术支撑。总之，数字劳动以平台为生产中介，是数字化时代的新型劳动形式。

二、数字劳动的劳动价值论

数字劳动本质上没有脱离劳动价值论，仍然符合劳动价值论的基本观点。劳动价值论的核心内容包括：商品二因素和劳动二重性、劳动创造价值、一般劳动过程及剩余价值理论等思想。数字化时代的数字劳动同样具有劳动二重性，成为价值创造的源泉，实现了劳动形态的新飞跃，并推动劳动价值论进一步丰富和发展。

（一）数字劳动二重性决定数据商品二因素

数字劳动具有二重性。

一方面，具体数字劳动创造了数据的使用价值。数字系统中，用户一切具体的数字劳动都被转化为数据，通过对这些数据进行挖掘、统计和分析，获取有用的数据，对人们具有指导作用。

另一方面，抽象数字劳动形成了数据商品的价值。数字劳动离不开数字用户对数字设备、数字技术的操作和使用，用户通过数字系统搜索信息、查看邮件、网购等行为无疑耗费了体力、情感及注意力，本质上是人的脑力和体力的耗费。因此，数据成为商品在市场中进行交易，具体数字劳动创造了数据的使用价值，而抽象数字劳动的凝结形成了数据的价值，数字劳动的二重性决定了数据商品的二因素。

（二）数字劳动成为创造价值的源泉

数字劳动是数字技术与人类劳动有机结合的产物，它是数字化时代人类劳动的一种特殊形态，并成为价值创造的重要源泉。数字劳动通过直接和间接两个方面来创造价值。一方面，数字劳动直接参与价值创造。数字劳动以平台为生产中介，突破了传统劳动形式的局限性，不断向休闲、消费领域扩展。另一方面，数字劳动间接参与价值创造，通过加速转移数据商品的使用价值创造价值。用户通过数字劳动"运输"数据痕迹，使数据商品的使用价值加速转移的劳动也属于创造价值的过程。数字劳动离不开人们的实践活动，数据、数字系统是虚拟的，但数字劳动是现实的。数字技术渗透到人类生产活动之中，数字劳动成为价值创造的源泉。劳动创造价值的过程呈现出新特点，但劳动创造价值的本质没有改变。

（三）数字劳动实现了劳动形态的提升

数字劳动对传统劳动以及数字化时代的其他劳动形式提出新挑战，它利用数字技术、智能算法收集处理用户的日常生活数据，精准刻画用户的"数字画像"，并引导其消费决策，最终使用户的消费、娱乐活动转变为具有生产性质的劳动，实现了劳动形态的新飞跃。

首先，数字劳动突破了一般劳动的被迫性。数字劳动模糊了劳动与休闲的界限，其劳动过程往往是自愿的、愉悦的，而非简单的付出过程。

其次，数字劳动对象突破了一般劳动对象的损耗性。数字劳动中用户无时无刻不在更新数据库，生产出新的劳动对象并为之后的数字劳动提供原料。数据作为一种特殊的劳动对象，不但不会被磨损消耗掉，还会随着其使用范围的扩大而形成新的劳动对象，从而突破了传统劳动对象的损耗性和有限性。

最后，数字劳动资料突破了以往劳动资料的私有性。数字劳动中，每个人都可以拥有数字设备与数据这类生产资料的使用权和所有权。数字生产资料具有共享性和动态性的特征，突破了传统生产资料的私有性。

数字劳动仍然在劳动价值论指明的视域内发展更新，同时它颠覆了人们对劳动的传统认知，通过娱乐、休闲形式吸引人们参与其中，劳动过程显示出自由、自愿的特点。数字劳动是时代的产物，其根本价值在于帮助人类从繁重、枯燥的旧式劳动中解放出来，为实现人的自由全面发展创造条件。

三、数字劳动成为劳动教育的实践路径

数字劳动作为数字时代劳动的新形态，既给新时代的劳动教育带来了新发展，同时也为大学生的身心发展带来了新挑战。审视数字劳动主导下劳动教育的发展，其更新了教育主体，扩大了劳动教育内容，丰富了劳动教育途径；但也存在很多问题，其束缚了大学生的精神世界发展，弱化了原生性劳动在人身体中的积极作用，降低了大学生和现实世界交往的自觉意识。

（一）数字劳动主导下大学生劳动教育发展的"得"

1. 劳动教育主体更新

一般而言，劳动教育的主体是针对教师和大学生的，无论是目标指向型或内容指向型的劳动教育，还是载体指向型的劳动教育，其主体都是教师和大学生，因为对于传统的劳动教育而言，大多是简单的体力劳动、公益性劳动、技术服务性劳动等。

但是在数字时代，除了传统的劳动形式外，还出现了数字劳动。数字劳动主体普遍化、多元化的特征使得每个人都能成为数据信息的生产者、传递者和接收者，所以在这种劳动形式的主导下，劳动教育的主体不再只是单向度的教师和大学生，而是针对"人"本身，每个人都可以是数字劳动者，每个人都可以以生产者的身份参与劳动教育，以学习者的身份参与劳动教育，也可以以阅读者、评价者、粉丝、艺术家等身份参与劳动教育。劳动教育主体的更新和多样化不仅体现了数字时代劳动的包容性更大，类型更丰富，而且也进一步扩大了劳动教育的发展空间。

2. 劳动教育内容扩大

在过去，劳动教育内容的设定是由当时社会现实的需要而决定的，重点也是对大学生劳动技能和劳动生产知识等的培养。但随着生产结构的升级，劳动形态的发展，旧有的劳动教育内容已不完全适用于当前新时代的发展需求。数字劳动主导下的劳动教育已不再着

眼于具体生产劳动技术的培养和训练，而是整合平台资源，对数据进行分析、记录，使每一个数字劳动者都能创造自己的劳动价值。在劳动的过程中，大学生既能提升自己的劳动素养，丰富自己的劳动体验，又能将自己的所想所感和独特个性等融入其中，扩大劳动教育内容。

而且，随着社会的不断发展，闲暇教育和消费教育也应被纳入劳动教育的内容中来，通过劳动教育来进一步提升大学生的消费观和时间规划意识。所以说，数字劳动主导下的劳动教育内容不仅是顺应了时代发展对教育提出的变革要求，更是贯穿了教育的始终，扩大了教育容量，丰富了教育的内容。

3. 劳动教育途径多元化

与过去相比，数字时代的劳动教育不再限于传统的"学工""学农"时期，需要教师、大学生深入农场、工厂进行实践操作，因为对于今天的城市学校来说，尤其是城市中心大学生数量较多的学校，不太容易或者不可能开辟大面积的劳动场所作为大学生实践劳动技能的地方。

随着社会生产力的不断提高，社会经济的快速发展，数字劳动主导下的劳动教育紧密结合数字时代的劳动自由度、灵活度更高的特征，充分利用各类型的劳动教育平台，打破德、智、体、美、劳五育的壁垒，不仅将劳动教育有效融入不同类型的教学中，更是结合当前社会现实和教育诉求，多途径开展大学生动手操作和创新创造教育，以进一步提升大学生劳动素养，培养大学生良好的劳动习惯。这与传统的农业社会和工业社会的劳动教育形态相比较而言，不仅符合社会现实的需要，更是拓宽了劳动教育的实施途径，彰显了劳动的独特育人价值。

（二）数字劳动主导下大学生劳动教育的发展路径

数字时代劳动教育既要继承已有的优秀传统，也要结合新的时代特征，要有针对性地进行教育引导。新时代的劳动教育不仅要注重实践的发展，更要注重价值观的培养，关注大学生精神世界的发展，重视大学生身体性的体验，回归到大学生的现实世界。

1. 劳动教育要加强对大学生精神世界的关注

人的精神是人的根本，精神世界的充盈能够滋养人的心灵，劳动是人精神成长的需求，劳动教育要加强对人精神世界的关注。我们要努力创设劳动、创造和建设的环境，让大学生能够亲身探究、动手劳动，让大学生真正展现自我、把握自我和确证自我，促进大学生精神全面成长。

劳动不只是身体层面和物质层面，更多的是精神维度的关注。精神世界的丰富是一种极为重要的财富,不仅能够调和自我性情,涵养自我心性,也能养育自我精神。但精神世界的丰富也需要在现实的客观世界中提升,这就需要教育的助推,劳动教育不仅要关注大学生劳动能力的提高,也要关注大学生精神世界的发展,促进大学生身心全面、和谐、自由地发展,增强大学生的自我认识、自我发现和自我存在感。

2. 劳动教育要注重大学生身体性的体验

劳动教育的目的是要让大学生真正参与到教育实践中来,把教育理论转化为教育实践。数字劳动背景下的劳动教育为大学生科学教育理念的形成提供了更加优越的平台,使得他们能够在实践中形成科学的劳动教育理论,获得真正的实践体验和感悟。

在劳动的过程中,不仅要有思维、思考、情感意志等脑力活动的投入,也要有身体的投入,只有让身体参与到"劳动"的场域中,才能实现真正的"身心合一"。真正地让身体参与到劳动的场域,走进自然,不仅能加深大学生对自然的认识,也能提升大学生改造现实的能力,大学生的劳动素养会进一步充实,精神世界会更自由。

3. 劳动教育应回归到大学生的现实世界

人的社会性是在客观实在的现实生活中发展起来的,人是社会存在物,所以个体社会性的丰满决定着个人的意义。现实生活中的劳动会与人沟通、交流、合作等,这正是培植自我社会性的重要媒介。数字劳动背景下大学生只有在真实的劳动体验中,通过身体力行的感知,才能真正地感受自我、实现自我。

数字劳动背景下要更加关注大学生的生活体验,以生活作为本源,是提升大学生劳动素养的重要途径,而且对于教育来讲,生活既是教育的目的和归宿,也是教育的过程和方法。数字劳动背景下劳动教育的重要作用就是要引导大学生在丰富多彩的现实社会中生活,要回归到现实的社会生活,要增强大学生的人生体验,要加强与人面对面的沟通交流,而不是一直活在自己的劳动世界中,这对于处在数字劳动时代的我们而言是十分重要的。

第三节 高校大学生劳动教育质量提升的价值考量与推进思路

为进一步推动国家教育体系完善,国家开始着手对高校劳动教育加持顶层设计,期望通过锻造大学生劳动能力,推动国家进一步发展。目前,很多高校通过对接人才市场需求增加高校大学生实践次数,从中改进见习实习环节中存在的各种问题。通过组织学生展开社会公益、助教助研等劳动活动,有效提高了劳动教育质量。虽然多数大学生已十分明确劳动价值及其重要性，也在积极参与劳动实践活动，但仍存在劳动实践认同度高与实践支撑弱的矛盾。基于此，如何有效提升高校大学生劳动教育质量，是当前高校面临发展、培养综合型人才的主要问题。

一、高校提升大学生劳动教育质量的价值

本质上，劳动教育是一种价值观教育。这种价值观想要真正发挥作用，必须融入社会生活，让人们在实践中得到更深刻的体验。高校大学生作为推动社会进步的主力军，需要秉承中华民族优秀传统劳动文化理念并加以实践。为了实现这一目的，高校应明确提高大学生劳动教育质量的价值内涵，从而展开有效的教学活动与实践。

（一）把握时代特征，明确劳动教育核心目标

实现中华民族伟大复兴，需要汇聚具有实干精神和创新能力的高素质青年。高校大学生只有明确劳动实践活动的最终目的是建设社会主义事业，才能充分理解社会劳动的真正作用，也会更积极地参与其中。高校开展高质量的大学生劳动教育主要包括以下四点任务内容：

第一，塑造正向的劳动思维与态度。促使当代大学生对劳动具有尊崇感，并乐于劳动为社会提供服务。

第二，培育正确的劳动价值观，将劳动的重要价值深刻在学生思维当中，督促其改正不劳而获的错误价值观。

第三，培养学生形成合理的劳动习惯，让学生在劳动中固化行为模式。

第四，牢固掌握劳动技能。高校不仅需要培养学生掌握自身专业技能，也要在此过程中培养其艰苦奋斗的劳动思维。

（二）回归现实发展情境，了解劳动教育新形势

目前，高校开展高质量劳动教育，必然需要充分注重智慧劳动、人机耦合等形态的多维变动，并及时刷新有关劳动教育的相关载体。同时，高校开展高质量劳动教育的最终目的是促使学生形成劳动发展价值观，并逐渐形成劳动光荣的正确理念。由此，高校在提升劳动教育质量方面需要着重学生体力、脑力的协同发展，打造新时代下体力、脑力劳动健全的综合型人才，推动国家、社会进一步发展。

二、新时代下高校提升大学生劳动教育质量的推进之路

（一）打造劳动教育价值的环境氛围

1. 创建高校劳动育人环境

高校应邀请劳动楷模、劳动标兵等在高校开展讲座，促使学生明晰劳动对于长远发展的积极作用。并且召开学期制劳动综合制作或专题教育，促使学生能够直接体会劳动教育的真实性。抑或创作劳动表演节目、举办劳动体验活动，并在新媒体平台宣传校园内的"劳动模范""学术大咖"等劳动典型，使劳动精神深入学生内心，并让学生在劳动氛围中提升自身对于劳动的认知。

2. 提升教师的引领劳动示范作用

教师方面，在普通的校园劳动中要起到示范作用，体现与学生之间的平等与劳动示范性。特别是在办公室环境维护方面，不仅需要将劳动教育与文明修身互相结合，亦要提升学生在日常生活、学习当中的思想重视，继而促使学生知悉各种劳动成果来之不易的道理，从点滴做起，养成良好的劳动习惯。

学生方面，要在学习中进行实践活动，力求将学到的知识融入生活，实现二者的高度融合，提高自己知识应用水平。生活中要加强宿舍卫生管理，主动帮助周围的人做一些力所能及的劳动工作，并积极宣传正确的劳动价值理念。

（二）推进劳动教育与课堂教学融通

1. 构建多元化劳动教育课程体系

针对当前劳动教育课程缺位的问题，需要教育部门及培养机构完善劳动课程规划，制订合理的教学计划。在具体课程设置方面，需要依据劳动教育课程现状设置合理的教学标准，邀请劳动方面专业学者、先进人才进行劳动相关教材编著，促使劳动教育与实际发展契合。此外，要全面加强劳动实践课程，特别是假期当中也要加设劳动任务布置。通过层次设置，全面推动劳动教育普及。

2. 融入日常思想政治理论课程中

就校园活动方面而言，校园方面需要利用好"五一劳动节"等节日载体，对师生中的劳动模范予以表彰。并创建反映劳模精神的文化活动，提升校园学生内部对于劳动教育的积极性，打造特色校园劳动文化。

（三）构建高校劳动教育实践平台

1. 高校倾力建设劳动教育实践系统

高校在劳动教育开展过程中，须始终发挥学生的主体性，利用其主观能动性进行课程开展。并重新组合学校内部劳动教育资源，形成高校劳动教育文化学习氛围。具有一定经济实力的学校可以设计劳动文化产品。并且，需要在周边环境布置宣传劳动理念的设施，采取劳动教育理念革新战略，持续深化国家劳动教育理念顶层设计，促进劳动教育实施机构明确劳动教育的理论和实践双层次的重要性以及其对"树德育人"教育理念实施的重要辅助作用。

在当下，网络平台教育已成为国家各层级普通教育的发展趋势，而艺术教育也必须顺应互联网时代教育变革的大潮，充分运用网络带来的便利性、实时性、互动性和开放共享性优势，运用移动终端将美术作品成果进行网络发布，让学生参观学习。

学生可提出问题，问题可大可小、可简单可深入，关键在于教师的正确引导鼓励，也可以把学生的美术作品在网上发布，让大家畅所欲言，并引入社会和家庭参与，多给予孩子建设性意见和建议，教师亦可上传自己的教育模式和艺术作品，让家长参与其中，进行探讨交流，营造平等互动共享的网络美术教学环境。

网络美术园衍生联动效用的提升，离不开社会各界和政府主管部门的大力支持，同时家长的学术素养也要跟上，否则联动效果可能大打折扣甚至背道而驰，必须同时开展美术教育全民普及计划，提升国民整体的美育水平，这样才可以让网络化美术园联动模式得以持续和进步。

无论是传统的优秀民族美术文化还是近现代和当代具有良好口碑的美术流派，都应成为学生美术教学中汲取的宝贵文化财富，将他们作为学前学生教学中的重要资源运用，并将"学前美术园"的创新实践模式加以全面推广，持续深入的教育会对学生内心的美术价值观产生积极影响。创立学前美术园，最终目的是在今后初、高等教育中可以更好地接受美术文化培育，推动学生智力和感知力的全面发育，更加活跃学生想象力，并在此过程中，潜移默化地植入中华民族以及世界的优秀文化之根。

2. 拓展校外劳动教育实践基地

就企业方面而言，应当与高校教育积极建立合作，在满足自身对于劳动力需求的同时，提升被教育主体的劳动主动性。并且，积极进入校园进行劳动实践讲座，提升劳动教育吸引力的同时，对企业也具有一定程度的宣传效应。

（四）打造多元化劳动教育评价体系

1. 丰富劳动教育评价形式

丰富劳动教育评价形式需要按照层次执行，结合现实情况不断进行完善。在初步设计阶段，需要将劳动教育成绩与学生最终学分融合，提升学生参与劳动教育的积极性，发挥学生的主观能动性。在过程完善阶段，需要不断补充高校教育评价体制。最终形成阶段，需要由劳动教育教师依据学生日常劳动实践课程中的积极态度、劳动质量以及同学写作等多方面实施评价。

2. 加强劳动教育过程评价

以往评价均在相关教育课程结束时，多数是按照传统分数体现评价。但是此种评价形式并不能充分体现学生日常劳动教育的成果。因此，高校方面应当着手构建劳动教育过程评价体系，借鉴发达国家评价—反馈—完善教育机制，契合自身发展现状进行优化。

具体而言，负责劳动教育的教师与高校管理层出台日常教育评价机制，将日常劳动教育过程记录打分，在最终评价中将教育过程评分作为评价重点，不断促使劳动教育趋向科学化实施发展。

培育高校学生劳动精神、提升高校劳动教育质量是当前国家高校实现全面发展的重要举措。由此需要从打造劳动教育价值的环境氛围、推进劳动教育与课堂教学融通、构建高校劳动教育实践平台、打造多元化劳动教育评价体系等多方面着手。同时也需要全社会共同参与，树立劳动创造价值的模型典范以及劳动创造美好生活的理念。目前，高校为大学生提供了丰富多样的劳动教育活动，大学生应积极参与其中，丰富劳动实践体验，积累劳动经验，从而实现学生德、智、体、美、劳的全面创新发展。

第四节　互联网时代积极心理学融入高校劳动教育的创新发展

中国特色社会主义建设离不开教育，这是基石也是动力，劳动教育是基础教育，关系到建设速度和方向。在此背景与互联网时代的推动下，高校劳动教育创新尝试势在必行。高校的各类劳动教育必须结合学生自身需求，包括重点去围绕高校就业活动。服务型专业也可以依托自身优势，开展和自己专业相符的专业劳动教育课堂活动，为未来就业增加经验、提供帮助。高校劳动教育设置的初衷内涵丰富：

第一，深度了解马克思主义的劳动价值与劳动观念，以此丰富自身。

第二，不断优化个人日常生活习惯，学会优化生活环境，积极参与社会活动，拥有自立自强的能力。

第三，强化服务性劳动技能，从而更好地让学生体验劳动内涵，增强学生付出意识、劳动价值、奉献精神等。

第四，促进学生劳动生产技能提升，引导他们积极参与实际劳动，开展更加有针对性、专业性、服务性的活动，在活动中重视学生各项创新知识的应用，结合新的技术和公益，运用新的技术方法，增强学生实践能力。

一、积极心理学融入劳动教育的可行性分析

（一）教育目标一致，借力互联网促进融合

现在所讲的积极心理学，其本身的核心思想就是在于人自身，人可以依靠自身的积极因素去获得积极的情感，发挥自己的人生价值，并且以这样的情感为起点，去研究人本身的美德和人自身的潜力，发现人的"美"，进而去找到人获得幸福的方式。

由此可见，我们所学习的积极心理学是瞄准人的积极品质的，借力互联网手段让这种心理、品质进行有效链接则是新时代的发展趋势。

（二）教育原则趋同，借助网络之力

互联网时代背景下，各学科、各环节之间的融通性变得更强、更广。积极心理学与劳动教育的教育原则趋同性很高，都信任人的能力和潜质，鼓励人们实现自我提升和成长。人可以发挥主观能动性，能激发其本身的创造活力。教师需要在活动中去关注学生自身的感受，从而进行明示和暗示，让他们乐于去感受劳动，愿意去培养奉献精神，在付出与劳动的过程中体会到快乐。因此"以人为本"是两者所坚持的共同教育原则，可以借助于互联网的平台让这种步调更为一致。

（三）教育方法可以互通，发挥合理价值

积极心理学的价值在于潜能的激发与鼓励，大学生劳动教育可以借鉴，以改变其固有的教育方法和手段。劳动品质的教育更加注重情感融入，在增强体验感的同时引导学生热爱劳动，从劳动中塑造诚实、吃苦耐劳、勇于创造的人格，这些都是要建立在科学的教育举措之上的。

(四) 实现路径一致性，借力互联网发酵

首先，积极心理学的方式方法与观念可以为劳动教育提供思路与方法，因而可以研发一些行为训练、情景设计、体验生活等活动来激发他们对于劳动教育的热情与投入。

其次，助力大学生劳动教育价值发酵。积极心理学是一牵引，可以促进内在力量的激发，让大学生感受到被尊重、被激励的主体地位，从而愿意自我提升，综合素质也会潜移默化地得到锻炼。

最后，有利于扩充劳动教育的内容，让其丰富、多元。积极心理学不仅有助于心理引导还可以融入兴趣设计，在互联网时代背景下，这种一致性的实现更加便捷。

二、PERMA 模型与劳动教育模式的融合

基于积极心理学和劳动教育的融合可行性分析，将 PERMA 模型中的积极情绪、投入、人际关系、意义和成就感镶嵌入劳动教育课程的设计与实施过程。具体可体现在理论培训、服务实践、总结分享等教学活动中。

(一) 积极情绪

积极心理学中有关于积极情绪的定义和解释，其中心理学上的积极情绪是指在实现目标的过程中，个人获得了进步或得到他人积极评价时产生的一种积极情绪的感受。

在劳动实践课中可以设计在保证安全的基础上具有新奇感、挑战性的情境，尤其是可以引入互联网技术，如网络模拟情境，引导大学生针对特殊情境做出积极反应，并且激发他们探索知识的欲望，在探索过程中不断实现教育目标，在此过程中应当保持科学引导、尊重自由，利用学生自主的新思路、新方法来拓展个体思维广度与深度，进而更好地利用思想引导行为。

而构建是在扩展的基础上提出的，是在扩展的基础上将个体的积极情绪得以保持，也就是说，在参加新奇的，有挑战性的劳动中所取得的快感可以保持在个体体内，并形成个体的资源，当未来再次进行劳动时，是建立在积极情绪的基础之上的。例如，可以有针对性地设计一些诸如"发现最美的自己""我的英雄故事"等网络实践活动，让学生摸索或者说寻找那个最好的自己，可以在劳动课程学习过程中挖掘内心独特品质和人格，刺激内部积极心理正能量的凸显。

(二) 投入

在投入中，个体会感受到幸福感、满足感。因此，想方设法在学生的劳动中增强学生

积极性，进而去增加学生劳动的投入时间。在劳动活动的设计中，教师应该安排沉浸式的劳动体验，可以是线下线上相结合的模式，充分挖掘互联网时代优势，让学生有充足的空间去安排劳动，参与到社会实践之中，让学生靠近知识，靠近实践，积极参与其中，提供一个良好的社会实践劳动教育平台，最终使学生的学习纵深有度、真正回归社会生活。

此外，还可以结合学生的认知现状、自身能力、最近发展区来设置匹配度高、清晰度高、科学度高的任务目标，同时指明操作性强的反馈方法，更好地引导大学生融入劳动服务实践当中，实现专心服务、潜心学习。以学生为中心，采用沉浸式劳动教育方法，运用组间的活动合作、社会实践的游戏以及一些社会角色扮演甚至于情景剧等多样化方式，去帮助学生体验实践，提升劳动技能和专业知识。

（三）人际关系

人类对于人际交往的需求是人类的本质需求之一，在互联网时代如何更好地处理人际关系更加重要。在人际需求的三维理论中包括：①人自身的包容需求，对其他事物的支配需求和人的情感的需求；②支配需求是在其基础之上的，个体人对于控制与被控制的需求，这项需要利用互联网的虚拟性、远程性、低成本性，从书本上迁移到生活中，让大学生在劳动实践中探索发现生活的美好与意义。

通过参加社会服务及志愿活动进行学习是非常有效的方式。

首先，投入志愿者活动中不仅可以结识到很多朋友，寻找到共同兴趣的快乐，还可以激励自身不断成长。

其次，志愿者之间的同理心较强，他们可以兼顾别人的需求，致力于帮助社会进步与成长，希望用一己之力来让别人获取更多的快乐。因而意义就是鼓励大学生投入志愿者活动中，通过支教、劳动、帮扶等逐渐实现自身价值。

（四）成就感

积极心理学中的成就感就在于个体对于周围环境的体察、掌控等，让人们不断地感受到自身的价值，从而利用这种价值来帮助更多的人克服困难，实现进步。教师需要善于观察学生各类劳动行为，积极引导并且及时进行正向传递，多加鼓励和表扬，使学生感受到自己的劳动行为被认可、被肯定、被赞扬，大学生因此在劳动中锻炼得更加自信和更加有成就感，对劳动这项活动有了好感。可以利用网络平台来对其行为进行宣传，让社会大众都可以看到从而给予肯定。

总之，互联网时代背景下，人们的心理变化更加复杂、多元，如何将心理学的积极价值助力劳动教育改革值得思考。积极心理学一直在强调的是人自身的积极因素，也就是人自身所能发挥的价值，这也是他的核心思想。这和劳动教育中以培养人的劳动美德和劳动能力的目的性高度吻合，将积极心理学中的积极情绪、投入、人际关系、意义和成就感融入劳动教育实施的各个环节，为劳动教育重新注入了活力和动力，对大学生的培养是个有益的探索。

参考文献

[1] 陈彩红. 数字劳动的本质初探 [J]. 经济研究导刊, 2023 (3): 1-3.

[2] 陈攀, 陈春萍, 刘翔. 新时代高校推进大学生劳动素养培育的现实意义、困境与实施路径 [J]. 湘潭大学学报（哲学社会科学版）, 2023, 47 (2): 188-192.

[3] 陈文成, 朱小超. 劳动教育应坚持理论性和实践性相统一——以初中道德与法治学科教学为例 [J]. 中学政治教学参考, 2022 (11): 59-62.

[4] 陈永生. 大学生劳动教育与创新创业教育融合研究——评《高校创新创业与劳动教育》[J]. 人民长江, 2023 (3): 后插10.

[5] 崔中良, 王梦钰. 数字劳动教育的新生态、风险及发展路向 [J]. 教育与职业, 2023, 1034 (10): 28-34.

[6] 郭建娜, 卜祥记. 从资本逻辑回归人本逻辑：数字劳动的正义重塑 [J]. 理论导刊, 2023 (3): 55-60, 94.

[7] 胡婷婷, 钱俊. 高职院校劳动教育与创新创业教育融合的可能性、困境和进路 [J]. 教育与职业, 2022, 1024 (24): 108-112.

[8] 李波, 李璐, 陈冰冰. 课程思政理念下大学生劳动教育课程建设与评价 [J]. 现代职业教育, 2023 (4): 21-24.

[9] 李俊峰, 王晓岚. 劳动教育基本属性的三重维度 [J]. 教育理论与实践, 2022, 42 (24): 3-7.

[10] 李石. 从共享的数字劳动到数字福利的共享 [J]. 深圳大学学报（人文社会科学版）, 2022, 39 (3): 127-133.

[11] 李弦. 数字劳动的新型异化解释 [J]. 北京社会科学, 2023 (3): 14-23.

[12] 刘经纬, 崔箐琳. 大学生劳动精神教育论析 [J]. 长春大学学报（自然科学版）, 2021, 31 (1): 37-40.

[13] 刘小菁, 贾华荣. 劳动教育体系的多维开发 [J]. 中学政治教学参考, 2023 (2): 71-72.

［14］陆树程．警惕数字劳动新陷阱［J］．思想战线，2022，48（6）：84-93．

［15］罗小茗．独异性社会中的文化赋值与数字劳动［J］．中国图书评论，2022（8）：23-35．

［16］宁洁萍．浅谈如何加强学生劳动教育实践性［J］．南北桥，2021（7）：98．

［17］上官苗苗．新时代劳动精神探析［J］．广西社会科学，2020（7）：41-45．

［18］施佳．高职学生劳动权益教育现状分析与劳动法课程设置［J］．南通职业大学学报，2012，26（4）：66-68．

［19］苏熠慧．性别视角下的数字劳动［J］．中国图书评论，2022（8）：36-46．

［20］孙进，陈囡．跨学科与实践性：德国劳动教育教师培养模式探析［J］．比较教育研究，2021，43（9）：39-49．

［21］王佳佳．数字劳动对马克思劳动价值论的继承与发展初探［J］．生产力研究，2023（3）：12-15．

［22］王洁，孟献军，孙美荣，等．基于新课标的劳动课教学新样态——以"间苗"一课为例［J］．基础教育课程，2023（7）：20-27．

［23］王统宇．数字劳动成果对人的异化现象探析［J］．青年记者，2022（23）：46-49．

［24］王伟江．高校劳动教育课程建设的价值、困境与路径研究［J］．林区教学，2023（1）：92-95．

［25］温旭．从分工到异化：数字劳动分工的马克思劳动价值论审视［J］．学习与实践，2023（4）：21-30．

［26］吴海龙，程刚．论高校劳动教育体系的构建［J］．高校辅导员学刊，2022，14（6）：65-69．

［27］谢敏霞．新时代"00后"大学生劳动价值观培育探析［J］．科教文汇，2023（3）：54-57．

［28］邢海晶．数字劳动的新变数及对中国的启示［J］．人民论坛，2021（23）：66-68．

［29］杨文娟，徐霖娜．"双向联动"，促区域劳动课程遍地开花［J］．基础教育课程，2023（7）：13-19．

［30］张晨曦．新时代劳动教育融入大学生创新创业双创课程的可行性研究［J］．青春岁月，2021（2）：122-123．

［31］张传友．数字劳动资本化及其当代启示［J］．湖北行政学院学报，2022（5）：26-31．

［32］张正光．新时代劳动价值观跃迁的四重维度［J］．上海师范大学学报（哲学社会科学版），2022，51（1）：52-61．